가볍게 읽는
한국어 이야기

가볍게 읽는 한국어 이야기

찍은 날 2022년 11월 21일 | **펴낸 날** 2022년 11월 25일

지은이 남길임·김덕호·김진웅·홍미주·안미애·김수정·안주현·이수진

펴낸이 홍원화 | **펴낸 곳** 경북대학교출판부

출판등록 1973년 10월 10일 ㉣97호 | **주소** 대구광역시 북구 대학로 80

전화 053-950-3830 | **팩스** 053-953-4692

이메일 press@knu.ac.kr | **홈페이지** http://knupress.com

ISBN 978-89-7180-593-0 93700

정가는 뒤표지에 있습니다. 파본은 바꾸어 드립니다.

가볍게 읽는 한국어 이야기

남길임 · 김덕호 · 김진웅 · 홍미주 · 안미애 · 김수정 · 안주현 · 이수진

경북대학교출판부

머리말

어떤 세계관을 넘어서는 연구가 없듯이, 언어에 대한 연구도 시대나 연구자의 신념에 따라 상당히 다양한 관점에서 관심을 받아 왔다. 언어는 규칙의 체계일까 아니면 관습이 축적된 결과물일까, 또는 언어학이 논리와 추상적 체계를 추구해야 하는가 아니면 의사소통 체계로서의 구체적인 현상을 기술해야 하는가 등 언어학의 연구는 시대에 따라 학자들에 따라 달리 논의되고 한국어에 대한 연구도 이와 다르지 않다. 그리 멀리 가지 않아도 최근 온라인과 모바일을 통해 이루어지는 새로운 의사소통의 방식, 인공지능과 함께 주목받고 있는 챗봇 등에 대한 관심도 언어 연구의 변화와 새로운 가능성을 발견하기에 충분한 사례이다. 이러한 언어 연구의 동향 속에서 변함없는 사실은 언어가 어떤 이론을 추구하든지, 어떤 세계관의 영향을 받든지와 상관없이 언어는 늘 사용자의 것이고 사용자의 가치관과 문화를 반영해 왔다는 것이다.

현재 한국어의 모습은 한국인의 가치관과 문화를 어떻게 담고 있을까? 새로이 생성되는 한국어를 통해 우리는 변화하는 사회상과 문화를 어떻게 바라볼 수 있을까? 옛 문헌을 통해 전해지는 한국어의 모습이나 다양한 방언들을 통해 우리는 무엇을 배울 수 있는가? 궁극적으로 시시각각 변화하는 언어 환경 속에서 한국어 정책과 규범은 어떠한 방향으로 나아가면 좋을까? 이러한 고민들 한 편 한 편이 모여 『가볍게 읽는 한국어 이야기』가 탄생되었다.

이 책이 '가볍게' 읽히기를 바라는 것은 의사소통의 도구이자 원천인 '한국어', 최근 한류의 뿌리이자 현상이기도 한 '한국어'에 대한 현상이 대중들에게 좀더 쉽고 흥미 있는 대상으로 자주 언급되기를 바라는 저자들의 바람이다. 저자들은 2019년 5월부터 『영남일보』에 매주 <우리말과 한국문학>이라는 자리를 통해 자신의 연구와 관련하여 발견되는 한국어, 한국문화의 소소한 발견과 의미들을 대중과 공유해 왔다. 저자들은 이 중에서 '우리말(한국어학)' 부분을 담당하였다. 한국어의 역사, 문법론, 문화론, 방언학, 의미론, 음성학, 사전학 등 다양한 한국어 분야의 전공자들로 각자의 연구 분야에서는 깊이 있는 연구를 추구해 온 연구자들이지만, 이 칼럼만은 대중에게 쉽고 부담 없이 읽힐 수 있도록 노력해 왔다. 책의 제목대로 내용의 깊이와 무관하게 이 책이 가볍게 읽힐 수 있기를 고대한다.

이 책은 총 4부로 구성되어 있다. 제1부는 '한국어 속에 담긴 한국 문화', 제2부는 '새말 속에 담긴 우리 문화', 제3부는 '지켜 온 우리말글, 옛말과 방언', 제4부는 '다시 볼 우리말, 언어 정책과 규범'으로, 한국어의 과거와 현재를 담았으며 한류의 근원이자 문화자원으로서의 한국어의 가치와 연구 가능성을 담았다. 이 책의 모태인 『영남일보』 칼럼은 일반 대중을 청중을 대상으로 한 것이었지만, 전체 책을 모아 놓고 보니 일부 깊이 있는 내용들도 있어서 특별히 한국어에 관심이 있는 학생들이 주제에 따라 관심 있는 분야를 읽어도 좋을 듯하다.

이 책은 경북대학교 국어국문학과 BK21 글로벌 시대의 지역문화어문학 교육연구단의 주요 연구자들을 중심으로 집필되었다. 특히 사업단의 하위 목표인 사회 문제 해결로서의 문화어문학, 인문학 대중화 등이 이 책을 집필하는 데 주요 동기가 되었다. 칼럼의 주제와 사업단의 어젠다의 관련성을 추구하는 맥락에서 자신의 연구 분야를 쉽게 풀어 준 사업단 연구진들의 노고로 이 책은 완성되었다. 개인의 연구와 빠듯한 일정 중에도 시간을 내어 준 집필진들에게 고마운 마음을 전한다. 또 <우리말과 한국문학> 칼럼의 진가를 알고 매주 집필을 독려해 주신 『영남일보』 관계자 분들께도 이 자리를 빌려 감사의 마음을 전하고자 한다. 마지막으로 어려운 출판 환경에도 불구하고 책의 출판을 선뜻 맡아 주신 경북대학교출판부에 감사의 인사를 드린다.

2022년 10월
저자들의 마음을 모아,
남길임 씀

제1부

01 한국어 속에 담긴 한국 문화

제2부

02 새말 속에 담긴 우리 문화

제3부

03 지켜 온 우리말글, 옛말과 방언

제4부

04 다시 볼 우리말, 언어 정책과 규범

제1부

01 한국어 속에 담긴 한국 문화

언어는 문화를 담는 그릇

언어는 인간이 지닌 상징화의 능력이 빚어낸 최고의 문화적 산물이다. 언어와 문화의 관계는 어휘에서 잘 나타난다. 모든 언어의 어휘는 그 문화권에서 중요하다고 생각되는 것을 반영한다.

남부 인도의 코가 부족은 열대의 중요한 천연자원인 대나무를 표현하는 일곱 가지 단어는 있지만 눈[雪]을 표현하는 단어는 하나도 없다. 우리는 '함박눈', '대설', '강설' 등 몇 개의 수식어를 붙여 눈을 표현하지만 에스키모인들은 일상생활에서 눈의 상태에 관한 정확한 지식이 필요하기 때문에 눈을 우리와는 전혀 다른 물질로 본다. 그래서 눈의 유형을 여러 가지로 분류해 수많은 단어로 표현한다. 이처럼 모든 언어에서 문화적으로 강조되는 것들은 어휘의 수와 구체성에서 직접 반영된다. 하나의 문화에서 강조되는 내용은 수많은 동의어와 세분화된 어휘로 표현된다. 말하자면 관련 어휘가 많다는 것은 그만큼 그 문화가 발달되어 있다는 의미이기도 하다.

삼면이 바다로 둘러싸여 있고 산지가 평야보다 많은 지형적 특성, 사계절이 뚜렷한 기후적 특성을 지닌 우리나라는 음식문화가 다양하게 발달해 왔다. 음식에는 민족 특유의 속성과 문화가 담겨 있으니, 음식을 나타내는 어휘들이 우리말에는 많이 있을 수밖에 없다. 특히 우리나라는 긴 겨울을 나기 위한 저장법과 가공법이 발달해 김치와 같은 발효식품이 많으며 조리 방법과 맛을 표현하는 낱말도 상당히 다양하다.

우선 불 사용 여부의 표현으로는 불로 익히는 조리법의 표현은 굽다, 튀기다, 지지다, 데치다, 볶다, 부치다, 익히다, 끓이다, 달이다, 찌다, 삶다, 고다, 데우다, 조리다, 쑤다, 덖다 등이 있다. 또한 불을 사용하지 않고 하는 조리법의 표현은 저미다, 다지다, 썰다, 무치다, 버무리다, 말리다, 절이다, 뜨다, 안치다 등이 있다. 또한 맛을 표현하는 말이 발달되어 있는데, 사계절로 인해 음식문화가 다양한 우리가 다채로운 미각어를 갖고 있다는 것은 어쩌면 당연한 일이라 하겠다.

맛 종류에 따른 언어 표현으로 단맛의 경우 달다, 달콤하다, 달곰하다, 달큼하다, 달짝지근하다, 달착지근하다, 들큰하다, 들쩍지근하다, 들부레하다 등이 있고, 쓴맛은 쓰다, 씁쓸하다, 씁스름하다, 씁쓰레하다, 쌉쌀하다, 쌉싸롬하다, 쌉싸래하다 등이 있다. 신맛을 표현하는 말에는 시다, 새큼하다, 시큼하다, 새곰하다, 시금하다, 시쿰하다, 산산하다 등이 있다. 또한 짠맛은 짜다, 짤하다, 찝질하다, 짐짐하다, 간간하다 등이 있고, 매운맛은 맵다, 매콤하다, 칼칼하다, 알알하다, 얼얼하다, 얼근하다, 얼큰하다, 알큼하다 등이 있다.

이런 맛감각어는 정서적 유사성(類似性)에 의해 비유적 표현으로까지 확장하여 사용된다. 사람의 특징을 표현할 때, 아무개는 짜다, 싱겁다, 맵다, 텁텁하다, 가볍다, 무겁다 등과 같이 감각적으로 표현하는 것이 그런 예이다. '키 크고 안 싱거운 사람 없다더라', '집안을 잘 꾸려 가려면 손이 좀 맵짜야 할 텐데', '요즘 재미가 짭짤하니?', '그 사람은 손이 참

맵네'가 그런 말이다.

요즘 대세가 다들 먹방이라고 한다. 먹방 유튜버들의 한 달 수익이 수천만 원대에 이른다는 말도 들었다. 또한 공중파와 지상파 방송의 먹방도 만만치 않다. 요즘 시청률을 높이는 일등 공신이라고도 한다. 단순히 먹는 모습만을 보여 주는 방송보다는 다양하게 맛을 표현하거나 올바르게 맛을 음미하는 말을 잘 구사하면 품격 있는 먹방도 될 수 있고, 우리나라의 발달한 음식문화를 전승하는 중심적인 역할도 할 수 있을 것이다.

'그 사람은 방송에서 맛깔스러운 말을 잘 사용하니 수입도 짭짤하겠네.'

김덕호_2020. 11. 12.

윷놀이판에 담긴 한국어 문화

어릴 적 새해 명절이 되면, 마을의 너른 마당에서 윷놀이가 벌어지곤 했다. 그때 기억에 남는 아재가 있었는데, 윷판도 없이 말[言]로 윷말을 쓰는 것이었다. 바둑에서 판과 돌 없이 서로 좌표로 두는 바둑을 무석(無石) 바둑이라고 하는데, 고수의 경지에 이른 바둑 기사들만이 할 수 있는 대국이다. 그런데 윷놀이에서는 이를 공중말(건궁윷말)이라고 한다. 말하자면 그 아재는 윷놀이판에서 공중말의 고수인 셈이었다.

우리 민족에게 윷놀이는 기원이 오래된 민속놀이 중의 하나이면서 윷놀이를 하지 않는 지역을 찾아보기 어려울 정도로 아주 전국적인 놀이이다. 윷판에 나오는 이름은 도, 개, 걸, 윷, 모(앞모, 앞밭, 앞여), 뒷도, 뒷개, 뒷걸, 뒷윷(뒤지), 뒷모(뒷밭, 뒤여), 찌도(짜도), 찌개(짜개), 찌걸(짜걸), 찌윷(짜윷, 짜지), 찌모(짜모, 쨀밭), 날도, 날개, 날걸, 날윷(밭지), 날밭(참), 앞모도, 앞모개, 방(방여), 속윷, 속모, 뒷모도, 뒷모개, 사려, 안찌(안지)로 총 29개가 나온다.

4개의 윷가락을 던져 나오는 5개 경우에 도(돼지[亥]), 개(개[犬]), 걸(양(羊)), 윷(소[牛]), 모(말[馬])로 이름을 붙이고, 각 경우마다 움직이는 칸 수를 정해 윷판을 이동하는 놀이다. 그런데 이런 대중적인 놀이에 심오한 이치와 문화적 기원이 담겨 있다니 놀랄 일이다. 5개의 이름은 고대 부족국가 시절 우리 민족에게 중요한 가축 문화가 담긴 관직명인 저가(猪加: 돼지), 구가(狗加: 개), 우가(牛加: 소), 마가(馬加: 말)에서 비롯되었다는 설이 있으니 흥미로울 따름이다. 윷판도 하늘의 이치인 천부원본(天符原本)의 원리가 담겨 있다고 한다. 한가운데 '방(方)' 자리가 북극성이고('방여(方輿)'라고도 하는데 땅을 의미한다.) 이를 중심으로 주변 동, 서, 남, 북에 각각 청룡, 백호, 주작, 현무를 두고 각 방에 7개 별자리씩 배치하여, 북극성을 기준으로 총 28개의 별자리가 펼쳐진 형세가 각 방이 놓인 모습이라고 한다. 말하자면, 별자리의 이치가 녹아 있는 것이 다름 아닌 윷놀이판이다.

윷가락의 이름도 그렇다. 앞모는 앞에 나오는 모가 놓일 자리로, 지름길의 앞밭이란 의미로서 운이 따르는 것이다. 뒷모는 그 뒤에 나오는 모가 놓이는 자리로, 지름길을 놓치고 뒤로 돌아간다는 아쉬움이 담긴 이름이다. 찌모 혹은 짜모는 다시 한번 주는 지름길의 기회마저 놓치고 가장 먼 길을 돌아서 가야 되니 마음이 찌든다 혹은 속이 짜다는 안타까움이 담긴 이름이다. 날모는 마지막 나갈 수 있는 자리란 의미로 붙여진 이름인 것이다. 사려는 한자어인데, 『논어』에 보면 오백 명의 군사를 '려(旅)'라 하고, 다섯 '려'가 모이면 '사(師)'라 한다는 것이다. 아마도 천군만마를 얻은 것처럼 마음에 여유가 있는 곳이라서 이런 이름이 붙은 것이리라. 안지도 한자어인데, 뒤에 수천 호위병을 두고 있으니 가장 안전한 곳이라는 뜻의 '안지(安地)'에서 비롯된 이름인 것 같아서 흥미롭다.

어떤 민속학자는 인생의 희로애락(喜怒愛樂)을 맛보게 하는 것이 윷놀이판이라고 하는데, 윷판의 형세를 떠올리면 얼핏 그런 것도 같다. 이것을 가지고 농사의 풍년과 흉년을 가늠하는 점을 치거나 개인의 행, 불행을 가늠하는 윷점이라는 것도 있었다고 하니 그럴 만하다.

윷판에 이름들이 가지는 의미를 되새겨 보니, 머릿속으로 윷판이 그려지는 듯하다. 이참에 공중말의 고수로 행세를 해 볼 수도 있을 것 같다. <한국민속대백과사전>을 보면 윷놀이는 정월 초하루부터 대보름까지 한단다. 새해에 들면서 고유한 문화와 오랜 역사가 담긴 윷놀이를 좋은 사람들과 함께 하면서 한국어 문화를 체험해 보심이 어떠신지?

김덕호_2020. 1. 30.

우리의 삶을 바꾸는 언어의 힘

흔히 언어를 의사소통의 수단이라고 한다. 그런데 언어가 자신의 생각이나 느낌을 나타내거나 전달하는 수단일 뿐일까? 언어는 의사소통 수단 그 이상의 힘을 가지고 있다. 단지 우리가 잘 느끼지 못할 뿐이다. 생각이 언어에 영향을 미치는 것처럼 어떤 언어를 쓰느냐에 따라 우리의 생각과 행동이 바뀔 수 있다. 이러한 언어의 힘을 알기 위해서 프레임에 대한 이해가 필요하다. 프레임은 특히 언어와 연관성이 깊은데, 아래 사례를 통해 살펴보자.

언어의 힘을 느낄 수 있는 예로, EBS <다큐프라임>의 '언어발달의 수수께끼 2부-언어가 나를 바꾼다'에서 진행된 흥미로운 실험을 소개한다. 실험에 참여한 아이들에게 탁자 위에 놓여 있는 단어들을 배열해 5분 안에 3개의 문장을 만들어 보라고 한다. 이때 두 그룹으로 나누어 '무례 그룹'에게는 '공격적, 무례함, 침입하다' 등의 단어가 적혀 있는 파란 카드를 주고, '예의 그룹'에게는 '공손함, 양보하다, 예의 바름' 등의 단어가 있는 노란 카드를 제시한다. 문장 완성이 끝나면 다른 장소에 있는 실험 진행자에게 가서 다음 과제를 받도록 했는데, 이때 숨어 있던 아이가 마주 오던 아이에게 다가가 일부러 부딪친다. 아이들의 반응은 어땠을까? '예의 그룹'은 4명 중 1명을 제외하고는 화를 내지 않은 것에 비해 '무례 그룹'은 4명 중 3명이 불쾌한 반응을 보였다고 한다. 노출된 언어에 따라 실험 참가자들의 행동이 다르게 나타난다는 실험 결과는 언어가 우리의 생각과 행동을 바꿀 수 있음을 보여 준다.

언어는 우리가 세상을 바라보는 틀인 프레임을 형성하고, 우리의 생각과 행동을 바꾸는 힘을 가지고 있다. 사실 언어학자, 정치가, 연설가 등을 제외하면 내가 사용하는 언어가 어떤 프레임과 연관되는지, 나를 비롯한 타인의 생각과 행동에 어떤 영향을 끼치는지에 대해 생각해 보는 사람은 많지 않을 것이다. 우리는 언어가 가진 힘을 이해하고 언어 사용에 좀 더 주의를 기울일 필요가 있다. 부정적인 단어보다는 긍정적인 단어를 쓰려고 노력하고, 공적 담론에서 쓰이는 언어가 어떤 프레임과 연관되는지, 반대로 어떤 언어를 사용하는 것이 나의 세계관에 부합하는 프레임을 불러일으키는지에 대한 자각이 필요하다. 내가 사용하는 언어는 나의 삶은 물론 타인의 삶도 바꿀 수 있다. 이러한 언어의 힘을 이해하는 것은 우리의 삶을 원하는 방향으로 이끌어 가는 하나의 방법일 것이다.

김수정_2019. 8. 22.

당신의 근처에 늘 있는, 준말의 매력

'반할 김밥'이란 상호의 식당을 아시는가? 얼마 전 선배가 '반할 김밥'이란 김밥 가게가 매우 유명하다며, 이 상호의 '반할'이 무슨 뜻인지 아느냐고 물은 적이 있다. '반하다'에서 온 '반할'이 아니냐고 했더니 그게 아니라 '반월당 할매'를 줄여 '반할'이라는 것이다. 대단한 작명 감각이었다. 음식 솜씨 좋으신 할매가 대구의 '반월당'에 김밥 가게를 여셨고, 이 '반월당'에 '할매'가 더해져 '반할 김밥'이 탄생한 것이다.

'반할'의 유래를 듣고 나니 필자가 예전에 살던 동네에서 자주 먹던 '반할만떡'이 생각났다. 처음에 이 상호를 보았을 때는 떡을 파는 가게라고 생각했다. 그런데 배달 애플리케이션에서는 이 가게가 분식점으로 분류되어 있었다. '반할만떡' 사장님은 왜 식당 상호에 '떡볶이'를 붙이지 않고 '떡'만 붙였을까? '떡볶이'란 말을 붙이면 뭘 파는 가게인지 직관적으로 알 수 있을 텐데 말이다. 이후 배달 온 음식의 봉투에 '반야월 할매 만두와 떡볶이'라 씌어 있는 걸 보고 나서야 '반할만떡'이란 식당 이름에 수긍했다. '반할'은 '반야월'과 '할매', '만떡'은 '만두'와 '떡볶이'의 머리글자로 줄인 말이었다.

'반할 김밥'과 '반할만떡'의 공통점은 둘 다 '반'으로 시작하는 지역에서 '할매'가 만든 음식을 판매하는 가게란 것이다. 다만 '반할 김밥'은 듣자마자 '김밥 파는 가게'인 걸 바로 알겠는데, '반할만떡'은 '떡볶이 가게'가 바로 떠오르지 않는다는 게 차이랄까. 그리고 그 가게를 모르는 사람들이 '반할'로 시작하는 상호를 들으면 반야월이나 반월당이란 지명보다는 '반하다'가 먼저 떠오를 이름이기도 하다.

'반월당 할매'의 '반할'처럼 일상생활 속에는 줄인 말, 즉 준말들이 많다. 물냉(물냉면), 비냉(비빔냉면)이 자연스럽다면, 여러분도 준말에 익숙하다 할 수 있을 것이다. 최근 인기 있는 스마트폰 애플리케이션인 '당근 마켓'의 '당근'도 '당신의 근처에 있는'의 준말이라고 한다. 뭔가 간편하고 재치 있어 보이는 작명이다. 이렇게 잘 줄인 말들은 본말보다 간편하고 매력적이다. 매력적인 준말들은 언중들도 이에 호응해 많이 사용한다.

그러나 나에게는 익숙한 준말이 모두가 이해할 수 있는 말이 아닐 수도 있다. 여러분은 '창제'라는 말을 어떤 뜻으로 알고, 사용하고 계시는지 궁금하다. 필자는 이 말을 친한 동생의 시간표에서 보았다. 보자마자 "'창제'가 어떤 과목이야?"란 질문을 하지 않을 수가 없었다. '창제'라고 하니 훈민정음의 '창제'가 떠올라서였다. 일상에서는 잘 쓰지 않는 말인 '창제'가 초등학교에서 '창의 주제 활동'의 준말로 쓰이고 있었다. '창제'의 자매품(?)으로 '창체'도 있다. 이건 창의적 체험 활동의 준말이다.

매력적인 준말은 말의 맛을 더해 준다. 표현의 간편함과 효율성은 덤이다. 특정 집단 내에서 통용되는 준말은 서로 의사소통을 하는 데 문제를 일으키지 않는다. 하지만 내가 아는 그 준말, 모두가 다 이해할 수 있는 말일까? 모르는 사람이 없을 것 같은 물냉, 비냉도 이 단어를 처음 접하는 사람이 들으면 이해하지 못 할 수도 있다. 초등학교 시간표 속 '창제'나 '창체'도 마찬가지다.

대화에는 배려가 필요하다. 당신의 근처에 늘 있는 준말들, 그 간편함의 매력은 나도 모르게 본말보다 준말을 쓰게 만든다. 하지만 그 말을 쓰기 전에 생각해 볼 것이 있다. 바로 '상대방이 이 말을 이해할 수 있을까'이다. 이것이 '배려'이다. 상대방을 배려해 사용하는 준말은 그 경쾌한 매력으로 대화에 재치와 재미를 더해 줄 것이다.

안미애_2021. 4. 8.

'염병'과 코로나19

유튜브의 영상을 보던 아이가 묻는다. "엄마, 염병이 뭐야? 저 사람이 염병이라는 말 자주 하던데." 못마땅하거나 재수 없음을 표현하는 욕 같은 거라고 말해 주니, 왜 '염병'이 그런 뜻이냐고 또 묻는다. 코로나바이러스 감염증이 유행이기도 하고 그 때문에 집에만 있어 시간도 많겠다, 아이에게 질병과 관련된 단어와 표현들을 이야기해 주어도 좋겠다.

'염병(染病)'은 전염병[感染症]과 같은 말로, 전염병 중에서도 '장티푸스'를 속되게 이르는 말이다. 변변한 약도 없었던 옛날에는 이런 전염병이 돌면 온 마을 사람들이 죽어 나갔다. 그렇기 때문에 전염병은 사람들에게 공포와 혐오의 대상이 될 수밖에 없었다. 이런 공포와 혐오로 전염병을 뜻하는 '염병'이 욕처럼 쓰이게 된 것이다.

전염병과 관련된 표현 중에 '학을 떼다'라는 표현도 있다. 괴롭거나 어려운 상황을 벗어나느라고 진땀을 빼거나, 그것에 질려 버렸을 때 쓰는 말이다. '돈을 훔쳐 달아나는가 하면 나 먹여 살리라는 식으로 늙은 영산댁을 오히려 부려 먹으려 드는 염치없고 기갈 센 계집애에 학을 뗀 일이 있었고'(박경리의 『토지』)에서 보듯이, 늙은 할멈이 기갈 센 젊은 여자에게 된통 당했음을 '학을 떼다'라는 말로 표현하고 있다. 이때 '학'은 '학질(瘧疾)'을 이르는데, 학질은 말라리아를 다르게 부르는 말이다. 학질에 걸리게 되면 고생도 심하고 낫기도 어려웠기 때문에 괴롭고 힘든 상황을 벗어나느라 진땀을 뺄 때 '학(을) 떼다'라는 표현을 쓰게 된 것이다.

이렇게 전염병은 두렵고 피하고 싶은 대상일 수밖에 없다. 예방약이나 치료약이 없었던 옛날 사람들에게는 더더욱 공포의 대상이었을 것이다. 그래서 사람들은 부정적인 대상을 바로 언급하기를 피하려고 대체어를 만들어 내기도 한다. 천연두를 '마마'라고 부르기도 했는데, 이 '마마(媽媽)'는 '대왕마마, 대비마마'와 같이 존대를 나타내는 말이다. '마마 손님 배송하듯'이라는 표현도 있는데, 이 표현은 행여나 가지 아니할까 염려해서 그저 달래고 얼러서 잘 보내기만 한다는 말이다. 전염병을 어찌할 수는 없으니 제발 가볍게 지나가기를 바라는 마음이 이 표현에 잘 드러난다.

예로부터 전염병은 사람들에게 공포의 대상이다. 예방약과 치료약이 없어 걸리면 죽을 수밖에 없었기도 했지만, 전염병과 관련된 정보를 제대로 얻을 수 없어서 더욱 공포스러웠을 것이다. 반면에 지금은 정보들이 투명하게 공개되고 있고, 일반인들도 다양한 채널을 통해 전염병과 관련된 정보들을 얻을 수 있다. 이런 과정에서 새로운 단어나 표현들도 많이 접하게 되는데, '팬데믹', '코호트 격리' 등과 같이 대부분 외국어나 어려운 한자어로 되어 있어서 이해하기 어려운 경우가 많다.

그래서 국립국어원은 코로나19 사태를 계기로 자주 쓰게 된 외국어와 한자를 혼용한 전문용어를 쉬운 우리말로 바꿔 쓸 것을 권장하고 있다. 모든 국민이 정보에서 소외되지 않도록 '팬데믹(Pandemic)'은 '(감염병) 세계적 유행', '코호트 격리(Cohort Isolation)'는 '동일 집단 격리'와 같이 이해하기 쉬운 우리말로 바꿀 것을 추천했다. 어려운 외국어와 한자로 된 말들은 일반인들이 정보를 충분히 얻고, 코로나19에 대처하는 데 걸림돌이 될 수 있기 때문이다.

코로나19로 모두가 고통받는 이때, 가짜 뉴스를 만들어 내고, 이익을 위해 공포심을 이용하는 '염병할 놈'들이 있다. 하지만 우리들은 서로를 보듬고 이 사태를 극복해 내기 위한 노력들을 잘 해내고 있다. 혹독한 겨울이 지나 꽃이 피는 봄이 오듯이, 우리에게도 곧 봄이 올 것이다.

홍미주_2020. 3. 26.

까마득한 날에, 광야로

이 글의 제목을 보았을 때 독자들은 가장 먼저 무엇을 떠올렸을까?

언어는 고정된 것이 아니다. 언어는 시간의 흐름에 따라 소리, 어휘, 문법, 의미가 끊임없이 변화한다. 따라서 형식적으로는 똑같이 쓰이더라도 그 의미는 사용하는 사람에 따라 조금씩 차이가 날 수 있다.

> 광야(曠野/廣野) 「001」 텅 비고 아득히 넓은 들.

위는 웹 기반 사전인 <우리말샘>에 나와 있는 '광야'의 뜻풀이이다. 이 정보를 통해 광야에는 '텅 비고 아득히 넓은 들'이라는 의미 하나만 존재한다는 것을 알 수 있다. 그러나 "여러분이 생각하는 광야도 단지 저 의미 하나뿐인가?"라고 묻는다면 아마 열에 아홉은 "그렇지 않다."라고 대답할 것이다. 사실 광야는 들이나 언덕, 시장이나 골목처럼 일상적으로 널리 쓰이는 어휘는 아니다. 국토의 70%가 산지인 한반도에서 텅 비고 아득히 넓은 땅을 보기도 어려울뿐더러 한국인에게 광야는 일상어라기보다는 문학 작품에나 사용되는 은유적 표현에 가깝다.

그래서 아마도 가장 많은 사람들이 떠올린 '광야'의 이미지는 시인 이

육사가 만들어 놓은 '가난한 노래의 씨를 뿌리는 공간, 백마 타고 오는 초인이 목놓아 부르는 공간'일 것이다. 어쩌면 필자와 나이가 비슷한 사람들은 가수 안치환이나 김광석의 목소리로 아련하게 울림을 주던 노래 가사에서의 뜨겁고 광활한 공간을 떠올릴지도 모르겠다. 만약 여기까지 읽고도 이 글의 진지함 대신 새어 나오는 웃음을 참고 있다면, 여러분은 에스파(aespa)를 따라 '광야로' 들어갈 준비가 된 분들일 것이다. 참고로 에스파는 2020년 11월에 데뷔한 4인조 걸그룹으로, 발표하는 곡에 일반적인 걸그룹과는 어울리지 않는 어휘인 '광야'를 가사에 자주 사용해 일종의 '광야 밈(meme)'을 생산하고 있다.

지난 9월 전 국민이 드라마 <오징어 게임>에 빠져 있을 때, 오징어 게임만큼이나 우리의 자긍심을 높여 주는 사건이 있었다. 그것은 옥스퍼드 영어 사전에 무려 26개의 한국어 단어가 한꺼번에 추가된 것이다. 운이 좋게도 지난 11월에 필자가 소속된 BK교육연구단에서는 이러한 성과에 지대한 영향을 끼친, 옥스퍼드 영어 사전의 자문위원 Jieun Kiaer 교수님의 특강을 개최했다. 그런데 재밌는 사실은 Jieun Kiaer 교수님이 등재된 26개 단어 중 애착이 가는 단어로 가장 먼저 '스킨십(skinship)'을 꼽았다는 점이다. 콩글리시(Konglish)라고 우리 스스로를 검열하던 단어가 당당하게 최고 권위의 영어 사전에 등재된 것이니 어찌 기특하지 않을 수 있겠는가?

2021년에 새롭게 불리는 광야는 무엇일까? 이육사의 광야가 일제의 억압과 폭정을 극복한 미래 현실의 공간이라면, 에스파의 광야는 그 어떠한 제약도 존재하지 않는, 현실과 가상의 경계마저 허물어진 무한한 가능성의 공간이 아닐까 생각해 본다.

언어 변화는 사람들이 언어를 사용하기 때문에 필연적으로 발생한다. 그리고 그러한 변화는 보통 기존의 언어적 가치를 떨어뜨리는 것이 아니라 그 언어를 더 풍부하게 만드는 데 기여한다. 언중은 기발하고 놀라운 언어 직관을 사용해 우리말을 더 풍부하게 만드는 것이다. 그리고 이에 대한 평가는 국어학자가 아니라 시간이 담당하게 될 것이다.

안주현_2021. 12. 30.

'자기'의 매력

최근 방영되고 있는 한 예능프로그램에서 유재석이 다른 남성 진행자를 '자기야'라고 부르는 것을 보았다. '자기'는 여성들 사이에서 많이 사용되는 호칭어로, 남성들 사이에서도 이 호칭어가 사용된다는 것이 매우 새롭고 흥미로웠다. 그런데 프로그램을 계속 보다 보니 유재석이 다른 진행자인 조세호를 '자기야'라고 부르는 이유를 알 것 같았다. 일반인을 만나 그들 인생 이야기를 듣고 공감하는 프로그램인지라 다른 사람들과의 친밀함이 프로그램에서 중요한 요소로 보였다. 이런 상황에서 유재석은 처음 만나는 일반 시민들과 친밀하면서 격의 없는 분위기를 만들려고 노력했고 이런 노력이 나이가 더 적고 후배인 조세호를 '자기야'라고 부르게 되지 않았을까 싶다. '조세호 씨'라고 부르기에는 너무 딱딱하고, '세호야'라고 부르기에는 너무 하대하는 느낌이 드니까 말이다.

이 '자기'라는 단어는 여러 가지 의미로 사용되는데, 먼저 '영희는 철수에게 자기 물건을 주었다.'에서처럼 '자기'는 앞에 나온 '영희'를 나타내는 말로 쓰이기도 하고, '자기야, 오늘 만나자.'에서와 같이 연인이나 부부 사이에서 상대를 부르는 호칭어로 사용되기도 한다. 그런데 최근에는 연인이나 부부가 아닌 사이에서도 호칭어로 '자기'를 사용하는 경우가 많다. 여성 선배가 여성 후배에게 '자기, 오늘 회의 장소 어디야?'라고 말하는 것과 같이, 주로 사회생활을 시작하는 20대 후반부터 50대 여성이 성인이 되어 알게 된 관계에서, 나이가 화자와 같거나 적고, 친근하게 느껴지는 여성에게 사용한다. 이 외에도 여성 상위자가 남성 하위자에게 '자기'라는 호칭어를 써서 친밀감을 나타내기도 한다. 이렇게 사용되는 '자기'는 주로 여성이 많이 쓰는 것으로 알려져 왔다. 그런데 최근에는 유재석의 경우처럼 남성이 '자기'를 사용하는 경우가 점점 늘어나고 있다. '자기'라는 단어의 사용 환경이 점점 확장되어 온 것이다. '자기'가 부부나 연인들 사이에서 상대를 부르는 말로 사용된 것은 1970년대부터라고 한다. 그 이후 여성 대화자들 사이에서 '자기'라는 호칭어를 사용하게 되었고, 현재는 남녀 또는 남성 대화자들 사이에서도 사용되고 있어 자기 사용 범위가 점점 확대되어 온 것을 알 수 있다.

그런데 이렇게 남성이 '자기'라는 말을 사용하는 것에 거부감을 보이는 경우도 있다. 필자가 만난 60대 여성분은 남자가 어떻게 그런 말을 쓰냐면서 화를 내기까지 했다. 필자가 요즘은 남자들도 사용한다고 하니 아주 놀랍다는 반응이었다. 이처럼 남성들이 '자기'라는 호칭어를 사용하고는 있지만 아주 일반적인 상황은 아닌 것 같다. 특히 중부 지방과 비교했을 때 경상도 지역은 더욱 그런 것 같다. 하지만 분명한 것은 여성이 주로 사용하던 '자기'를 남성들 또한 사용하고 있다는 것이다. 다만 남성이 '자기'를 사용하는 변화는 현재 초기 단계에 있는 것으로 보인다.

다른 사람과 관계를 맺고 살아가다 보면 관계의 성격이 바뀔 수밖에 없다. 친밀하지 않던 사이가 친밀하게 되기도 하고, 격식을 차리던 사이가 격의 없는 사이가 되기도 한다. 이런 관계 변화를 잘 드러내는 말이 '자기'가 아닐까 싶다. 성인이 되어 직업적으로 관계를 맺게 되면 관계의 시작은 공적 관계이지만 시간이 지나면 친밀도가 높아지게 된다. 그러면서 비격식적인 상황에서, 높아진 친밀감을 강조하기 위해 '자기'를 사용하게 되는 것이다.

누군가 여러분을 '자기'라고 부른다면 상대방이 나와 친밀하게 지내고 싶어 하는구나, 상대방이 나를 친밀하게 느끼는구나 하고 생각하고 마음의 문을 더욱 열면 된다. 또 여러분이 나이가 같거나 적은 사람과 친밀하게 지내고 싶다면 '자기'라고 부르는 것도 좋겠다. 그리고 남성들이 '자기'를 호칭어로 사용한다고 해도 화내거나 놀라지 말자. 단, 관계를 맺는 초반부터 '자기'라는 말을 사용하면 역효과가 날 수 있다. 어느 정도 관계가 진전되고 격의 없는 사이가 되면 '자기'라는 말이 더욱 빛을 발할 것이다.

홍미주_2019. 6. 20.

'말의 장'에서 꺼내 쓰기

'추석 잘 보내길 바라요? 바래요?'

명절을 잘 쇠라는 편지나 문자메시지를 쓸 때마다 고민이다. '바라요'라고 쓰니 뭔가 어색하고, '바래요'라고 쓰려니 맞춤법에 맞지 않는 표기라서 쓰기가 꺼려진다. 일상적인 대화 상황에서는 더욱 곤혹스럽다. '바라요'가 규범에 맞는 형태이기는 하지만 대화하는 상황에서 상대방에게 '바라요'를 선뜻 사용하기는 어렵다. "바라요."라고 말하는 사람도 어색하고, 듣는 사람도 뭔가 이상하게 들린다. 일상적인 대화 상황에서 상대에게 "추석 잘 보내길 바라요."라고 한다면 친근하고 다정한 느낌이 들 수 있을까? 뭔가 어색하고 이상하게 들리지 않을까?

이런 고민은 출판물에서도 볼 수 있다. 전 세계적인 베스트셀러인 『해리 포터와 마법사의 돌』(조앤 K. 롤링, 문학수첩, 2001)에서도 '바래', '바래요'로 표기되어 있다. 그런데 '바라다'의 과거형의 경우에는 비규범형인 '바랬다'는 나타나지 않고 '바랐다'라는 규범에 맞는 표기만 하고 있다. 『해리 포터와 마법사의 돌』에서 '바라다'가 어미 '-아'와 결합하는 경우에는 일관적으로 '바래', '바래요'를 사용하는 있다는 것을 알 수 있다(국립국어원 『새국어소식』 2002년 6월호 참고). 출판물인데도 규범에 맞지 않는

'바래', '바래요'를 쓴 것은 '바라', '바라요'가 규범에 맞는 어형이기는 하지만 일반인들에게는 상당히 어색하게 들리기 때문일 것이다. 독자가 어색하게 느끼는 부분이 있다면 몰입과 공감을 이끌어 내야 하는 소설에서는 적절하지 않을 것이다.

규범을 중요하게 생각하는 입장에서는 '바래'와 '바래요'가 일상적으로 널리 쓰이고, 일반 화자들이 규범형인 '바라'와 '바라요'를 어색하게 여긴다 하더라도 규범에 맞는 형태를 써야 한다고 할 것이다. 일반인들이 국어에 대해 궁금한 점을 묻고 그에 대한 답변을 해 주는 국립국어원의 온라인가나다 게시판에도 '바라요'와 '바래요'와 관련된 질문이 꽤 있다. 둘 중 어떤 것이 맞는지, '바라요'라고 쓰는 사람은 거의 없고 대부분 '바래요'라고 하는데 '바래요'는 왜 표준 형태가 아닌지, '바라요'와 '바래요'가 복수표준어가 될 수는 없는지 등이다. 이에 대해 국립국어원에서는 일관되게 '바라요'가 표준 형태이고 '바래요'가 비표준 형태라는 답변을 하고 있다.

대부분의 화자들은 규범에 맞는 형태와 규범에 맞지는 않지만 일상적으로 많이 쓰는 형태 두 가지를 다 사용한다. 그리고 의사소통 상황에서 가장 적절한 형태를 골라서 사용할 수 있는 능력을 가지고 있다. 가까운 사이이지만 밉고 섭섭한 대상에게 '아이고, 이 웬수야.'라고 하면 사랑스러움과 동시에 섭섭함을 효과적으로 표현한다. 이런 표현 효과는 '원수'라는 형태를 통해서는 얻기 어렵다. 또한 친구에게 '쐬주 한잔 할까?'라고 말해 격의 없음, 친근함, 재미를 표현한다. '웬수'와 '쐬주'는 비규범형이긴 하지만 대화에서 정감적 기능을 하고 있는 것이다. '바라다'의 경우도 마찬가지이다. 일반 화자들도 '바래요'가 규범에 맞지 않는 형태임을 알고 있지만 일상에서 '바래요'를 더 많이 쓰는 것은 '바라요'보다는 '바래요'가 대화상 친근함과 격의 없음을 상대방에게 더 잘 전달할 수 있기 때문이다.

이처럼 화자들은 상황에 따라 골라 쓸 수 있는 다양한 말의 스타일을 보유하고 있다. 용도가 다른 많은 옷이 걸려 있는 옷장에서 상황에 적절한 옷을 골라 입는 것과 같다. 상황에 따라 다른 옷을 골라 입는 것처럼, 화자가 가지고 있는 다양한 말의 목록(옷장에 비유하면 '말의 장'쯤 되겠다.)에서 대화 상황에 적절한 형태를 골라 사용하는 것이다. 따라서 '바래요'가 틀린 형태이니 이것은 쓰면 안 된다, 모든 상황에서 다 '바라요'를 써야 한다고 너무 엄격하게 할 필요는 없어 보인다. 아주 공식적인 성격의 글말에서는 '바라'형을 쓰고, 일상 대화에서는 '바래'형을 쓰는 방식으로 상황에 따라 적절하게 골라 쓰면 되지 않을까? 한 가지 잣대만으로 '맞다', '틀리다'를 말하기보다 상황에 따른 적절한 사용이라고 유연하게 생각하는 것이 어떨까 싶다.

홍미주 _ 2019. 8. 29.

도토리, 다람쥐 그리고 돼지

저녁 메뉴로 돼지고기를 굽기로 한다. 스페인에서 온 돼지고기란다. 돼지고기는 뭐니 뭐니 해도 제주도 흑돼지인데 웬 스페인 고기야 하면서 굽는다. 돼지고기가 거기서 거기지 하면서 한 입 물었는데, 쫄깃함과 고소함이 강렬하다. 야생에서 도토리를 먹고 자란 돼지라더니 그 풍미가 상당하다. 아이도 그동안 먹어 왔던 고기맛과 다른지 엄지를 치켜세우며 연신 맛있다를 연발한다. 아이한테 포장지의 설명대로 돼지들이 숲에서 도토리를 먹고 자라서 맛있는 거라고 했더니, 아이가 "도토리를 돼지가 먹어? 도토리는 다람쥐가 먹는 건데." 이런다. 돼지가 들으면 진짜 섭섭할 말이다.

아이가 그렇게 말하는 것도 이해는 간다. 가을에 숲에 가면 가져가지 말고 다람쥐 먹이로 남겨 달라고 도토리 수거함을 설치해 놓기도 하고, 매체에서 도토리와 다람쥐를 같이 등장시키는 경우를 흔히 접할 수 있다. 도토리와 다람쥐는 서로 연상 작용을 일으킬 정도로 도토리가 다람쥐의 먹이인 것으로 익히 알고 있는 것이다. 그런데 다람쥐뿐만 아니라 돼지도 도토리 잘 먹고 좋아하는데…. 돼지는 억울하다. 더구나 '도토리'의 어원이 돼지와 관련이 있는데 도토리를 다람쥐만 먹는 것으로 생각하다니, 돼지 입장에서는 섭섭할 일이다.

돼지의 섭섭함을 풀어 주기 위해 먼저 '도토리'의 어원부터 살펴보자. '도토리'는 『향약구급방』(1417)이라는 책에 처음 등장한다. 이 책에서 도토리를 한자를 빌려 '저의율(猪矣栗)'로 지칭하고 있다. 이때 '저(猪)'는 '돼지', '의(矣)'는 속함을 나타내는 조사 '-의', '율(栗)'은 '밤'을 의미한다. 즉 돼지가 먹는 밤이라는 의미이다.

돼지의 옛말은 '돝'으로, 돼지고기를 지칭하는 단어인 '돝고기'와 속담 '멧돝 잡으려다가 집안돝 놓칠라' 등에서 돼지의 옛말 '돝'을 접할 수 있다. 이 '돝'에 속함을 나타내는 조사 '-ᄋᆡ'와 '밤'이 차례로 결합하여 '도ᄐᆡ밤'이라는 단어가 만들어지게 되었다. 이 '도ᄐᆡ밤'은 '도토밤, 도톨왐, 도톨밤'으로 변하게 되는데, '도톨밤'으로 변하면서 이 단어에서 '돝'과의 연관성을 찾기 어렵게 되었다. '돝'과의 관련성을 찾기 어렵게 되면서 도토리의 껍질이 도톨도톨한 데 착안해 '도톨-'에 '-이'가 붙은 것으로 생각하게 되었고, 그 결과 '도토리'가 등장하게 된 것이다.

더욱이 공장식 축산이 일반화되어 돼지들이 사료를 먹는 지금, 도토리가 돼지의 주된 먹이라는 것은 더욱 낯설 수밖에 없다. '도토리'라는 단어에서 돼지와의 연관성을 찾기 어렵게 되고, 사육 환경의 변화 등으로 돼지와 도토리의 연관성은 점점 약해지게 된 것이다.

여기서 드는 의문 하나. 그러면 '돼지'는 어떻게 만들어진 단어일까? 돼지는 '돝+ᄋᆡ+아지'의 구성으로, '돝의 새끼'라는 의미이다. 이때 '아지'는 새끼를 나타내는 말로, '망아지, 강아지'에서 보듯이 말과 개의 새끼를 '아지'라는 단어를 결합해 만든다. 그러니 원래 '돼지'는 '돝의 새끼'를 뜻하는 것이었는데 지금은 성돈(成豚: 다 자란 돼지)을 의미하게 되었다.

돼지가 성돈을 의미하게 되면서, 낳은 지 얼마 안 된 어린 돼지는 '새끼 돼지', '돼지 새끼'라는 말로 부르게 된 것이다.

스페인에서 온, 도토리를 먹고 자란 돼지고기를 먹으며 생각한다. '역시 사료 먹인 돼지보다 도토리를 먹인 돼지가 맛있구나. 역시 원래의 서식 환경에서 자연스럽게 자란 돼지가 맛있는 법이야.' 이런 생각을 하니 돼지에게 좀 미안하다. 돼지의 섭섭함을 풀어 주기 위해 시작한 글은 돼지에 대한 미안함으로 끝을 맺는다.

홍미주 _ 2020. 6. 4.

'네'와 '예'의 다양한 표현들

다른 사람의 부름에 대답하거나 묻는 말에 긍정하거나 요청에 동의하여 대답할 때 어떤 단어를 쓰는가? '네' 또는 '예', '네네' 이 정도가 되지 않을까 싶다. 그런데 이와 관련된 연구에 의하면 무려 17개가 쓰인다고 한다. 필자가 주로 사용하고 접하는 '네', '예', '네네'에 어린 세대와 대화에서 종종 접할 수 있는 '넹', '넵', '넴'이 있고…. 아, 최근에는 인터넷에 올라와 있는 글에서 '늬에늬에'도 보았다. 이것저것 생각해서 아무리 꼽아 봐도 열 손가락을 넘지 않는데, 17개라니!

누군가 여러분의 이름을 불렀을 때 '예'와 '네' 중 어떤 단어로 대답하는가? 아마 '네'라고 대답한 분들 중에는 여성이, '예'라고 대답한 분들 중에는 남성이 많을 것이다. 일상 구어에서 여성은 '네'를 선호하고, 남성은 '예'를 선호한다는 연구 결과가 여럿 있다.

사적인 대화를 하는 수단으로 대부분의 사람들이 사용하는 카카오톡에서는 일상 구어와 달리 더 다양한 표현들이 사용되기도 한다. 강현석·김민지(2017)는 카카오톡 대화에서 관찰되는 '예'와 '네'의 다양한 표현들을 소개하고 있다. 사용 빈도가 높은 순서대로 나열하면 '네, 예, 넵, 네네, 넹, 옙, 네넹, 네에, 넵넵, 녜, 넴, 넹넹, 네에네에, 네엡, 녭, 넵넵넵, 네엥'

으로, 17개의 표현이 사용되었다고 한다. 이 중 일상 대화에서 사용되는 표현들도 있지만, 카카오톡 등의 모바일 메신저가 가지고 있는 특성으로 아주 다양한 표현들이 사용되고 있는 것으로 보인다.

카카오톡은 글자를 써서 대화하기는 하지만 대화가 즉각적으로 이루어지는 특성을 가지고 있어, 일상 대화에서 사용되는 구어와 가까운 언어형들이 사용된다. 일상 구어에 가깝기는 하지만 문자로 대화하기 때문에 대면 대화에서와 같이 목소리의 톤을 바꾸거나 표정이나 몸짓과 같이 의미를 전달하는 데 도움을 주는 표현들의 활용할 수 없다. 이 때문에 문자로 표기되는 언어형을 최대한 활용하여 상대방에게 메시지를 전달하려고 한다. 물론 이모티콘이나 기호, 그림 등도 이런 역할을 할 수 있다.

이 17개 표현들은 누가 사용하고 어떤 대화적 의미를 가지고 사용되는 걸까? 몇 가지 표현에 대해 강현석·김민지(2017)의 논의를 빌려 이야기하면, 먼저 '네'와 '예' 중 카카오톡 대화에서는 일상 구어와 달리 성별에 상관없이 '네'를 더 선호했다고 한다. '예'보다 '네'가 더 자주 쓰인 이유는 '네'의 비음 'ㄴ'이 전달할 수 있는 공손한 느낌 때문이다. 얼굴을 마주보고 대화하는 상황이 아니기 때문에 카카오톡 대화에서는 공손하게 자신의 의사를 전달하는 것이 중요하고, 이 때문에 비음이 들어가서 더 부드럽게 들리는 '네'를 선호한다는 것이다. 다음으로 '네'와 '넹'을 보면, '넹'은 '네'에 비음 'ㅇ'을 첨가한 것으로, 여성 특유의 애교를 표현한다. '넴'도 '네'에 비음 'ㅁ'을 첨가한 것으로 애교를 표현하는 여성형이라고 할 수 있다. 마지막으로 '네'와 '넵'은 둘 다 성별에 상관없이 쓰이고, '네'에 폐쇄음 'ㅂ'을 첨가한 '넵'이 조금 더 단호하게 들리는 느낌을 준다.

우리는 대화를 통해 사회적 관계를 유지하고 상대방에게 자신이 표현하고자 하는 메시지를 전달한다. 그 과정에서 성공적인 의사소통을 위해 다양한 대화 전략을 사용하게 된다. 카카오톡 대화에서 '네'와 '예'의 다양한 표현이 사용되는 것도 상대방과의 성공적인 의사소통을 위해 화자들이 사용하는 방법이라고 이해할 수 있다.

홍미주_2020. 10. 29.

'1+1'은 '2' 이상이다

몇 해 전, 모 대학교 다문화교육연구원에서 연구원으로 재직하면서 다문화 관련 여러 교육 프로그램을 운영한 적이 있다. 그 과정에서 다양한 유형의 다문화가정 및 다문화가정 학생들을 접하게 되었는데, 이는 한국 다문화 사회의 모습을 현실감 있게 바라볼 수 있는 중요한 경험이었다. 여러 프로그램 중 한국연구재단의 지원을 받아 수행한, 이중언어 교육에 초점을 맞춘 <글로벌브릿지>라는 프로그램이 특히 기억에 남는데, 아무래도 필자가 언어를 공부하는 사람이고 다문화 교육에서 언어 교육의 중요성 및 관심이 지대하기 때문일 것이다.

수많은 정부 기관, 민간단체에서 다문화가정을 대상으로 하는 사업을 시행하고 있는데, 다문화가정 또는 다문화가정 학생을 단순히 도움을 필요로 하는 대상으로 바라보는 경우가 많다. 필자가 참여한 <글로벌브릿지> 프로그램은 다문화가정의 이중언어 환경이 글로벌 인재로 성장하기 위해 필수적인 이중언어 구사 능력 함양에 유리하여 다문화가정 학생이 국가의 소중한 자원이 될 수 있음에도 불구하고, 잠재력을 계발하기 어려운 상황에 처해 있는 경우가 많다는 것에 착안하여 고안되었다. 즉, 다문화가정을 도움을 필요로 하는 대상으로 보던 것에서 나아가,

다문화가정의 이중언어 환경을 잘 활용한다면 다문화가정의 학생이 글로벌 인재로 성장하여 국가의 큰 자원이 될 수 있다는 관점에서의 접근이 필요하다는 것이다.

KBS의 예능 프로그램 <슈퍼맨이 돌아왔다>에 출연해 큰 사랑을 받고 있는 나은이는 다문화가정 아이인데, 한국어뿐만 아니라 독일어를 자유자재로 구사하는 모습이 방송에 나오면서 많은 화제를 일으켰다. 나은이는 아빠와 대화할 때는 한국어를, 엄마와 대화할 때는 독일어를 사용하는데, 어릴 때부터 두 언어에 자연스럽게 노출되어 성장한 것으로 보인다. 모든 다문화가정의 아이들이 나은이와 같이 이중언어 구사 능력을 가지고 있을까? 적어도 필자가 접한 다문화가정 아이들은 그렇지 않았다. 어릴 때 한국이 아닌 부모 나라에서 성장한 경우를 제외하고는 <글로벌브릿지>에 참여한 다문화가정 학생의 대부분이 한국어 외의 부모 나라 언어는 인사말과 같은 기본적인 표현 몇 가지를 알 뿐이었다. 나은이와 같이 이중언어 구사자로 성장하는 다문화가정 아이도 있지만, 다문화가정의 이중언어 환경이 적극적으로 활용되지 못하는 경우가 더 많은 것이다.

이는 여러 요인이 있겠지만, 다문화가정의 이중언어 교육에 대한 인식이 크게 작용하는 것으로 보인다. 한국의 다문화가정은 한국 남성과 외국 여성의 결혼으로 구성되어 있는 경우가 큰 비중을 차지한다. 결혼 이주 여성에게 한국의 언어와 문화에 빨리 동화되기를 강요하는 경향이 있는데, 자녀 교육에 있어서도 결혼 이주 여성의 언어와 문화는 배제되는 경우가 많다. 아이가 말을 배울 때 한국어가 아닌 다른 언어에 노출되는 것이 한국어를 배우는 것을 방해한다고 생각하여 이중언어 교육

자체를 부정적으로 여기기도 한다. 이러한 인식은 다문화가정의 이중언어 환경을 제대로 발현시키지 못하는 주요한 원인이다. 그러한 우려와 달리 이중언어 교육에 대한 여러 연구들은 이중언어 노출이 언어 발달의 위험 요인이 아니며 오히려 두 언어가 서로 접촉하면서 시너지 효과를 낸다고 본다. 즉, '1+1'이 '2' 이상의 효과를 낸다는 것이다.

다문화가정의 이중언어 교육은 부모 나라의 언어능력 함양은 물론 부모 나라의 사회와 문화에 대한 이해를 심화시킨다는 점에서도 중요하다. 이는 다문화가정 아이들의 정체성 형성에 긍정적인 영향을 줄 수 있으며, 문화적 다양성에 대한 이해는 이들이 글로벌 인재로 성장할 수 있는 발판이 될 것이다. 이러한 관점에서 다문화가정 아이들을 미래 한국 사회를 이끌어 갈 글로벌 인재로 성장시키기 위해 다문화가정의 이중언어 교육에 대한 인식 개선 및 국가적 차원의 실효성 있는 이중언어 교육 정책이 필요한 시점이다.

김수정_2019. 10. 31.

무심코 던진 말 한마디

필자가 즐겨 보는 모 TV 프로그램에 코로나19 재난브리핑에서 수어 통역을 하고 있는 수어 통역사 한 분이 출연했다. 수어 통역의 필요성, 수어 통역에 대한 편견 등 여러 이야기를 들을 수 있었는데, 그중 농인들에게 조심해야 하는 말에 대한 이야기가 인상 깊었다. 우리는 일상에서 '벙어리', '귀머거리'와 같은 표현을 무의식중에 사용하고 있는데, 농인들 입장에서는 엄청난 모욕감을 느낀다고 하였다. 한국 사람이나 동양인을 비하하는 표현, 제스처 등에는 대부분의 사람들이 크게 분노하지만, '벙어리', '귀머거리'와 같은 표현은 그러한 인식 없이 아무렇지 않게 사용한다는 것이다. 무심코 사용하는 언어가 누군가에게는 큰 상처를 줄 수 있다는 것을 새삼 느낄 수 있었다.

우리가 일상생활에서 무의식중에 사용하는 말이 화살이 되어 다른 사람에게 상처를 주는 경우는 생각보다 많다. 장애를 지닌 사람을 부르는 공식적인 명칭은 '장애인'이다. 그렇다면 장애를 지니지 않은 사람을 부르는 적절한 명칭은 무엇일까? 수업 시간에 학생들에게도 동일한 질문을 한 적이 있는데, '일반인' 또는 '정상인'이라고 대답한 학생들이 꽤나 많았다. '일반인', '정상인'이라고 대답한 학생들은 그러한 표현이

'장애인'을 차별하는 언어 표현일 수 있다는 것을 인식하지 못한다. 악의적으로 그러한 표현을 쓴다기보다는 어떠한 측면에서 부적절한 표현인지를 모르는 것이다. 장애를 지니지 않은 사람을 '일반인', '정상인'으로 부른다면 '장애인'은 일반적이지 않은, 정상적이지 않은 사람이라는 의미로 해석될 수 있기 때문에 '비장애인'이라는 용어가 적절하다. 이러한 설명을 들으면 학생들은 그동안 자신이 무의식중에 썼던 표현이 의도치 않게 누군가를 비하하고 차별하는 말이었음을 깨닫고 놀라곤 한다.

비단 학생들만의 일은 아니다. 필자는 모 대학교 연구원으로 재직하면서 다문화 관련 교육 프로그램을 운영한 적이 있다. 그중 한 프로그램은 다문화가정의 학생이 중심이되, 다문화가정이 아닌 학생도 함께 참가할 수 있는 프로그램이었다. 학생 선발을 위한 안내문을 작성하면서 필자는 무심코 "'다문화가정 학생'뿐만 아니라 '일반가정 학생'도 지원 가능합니다."라는 문구를 썼다. 다행히 공식적으로 안내문이 배포되기 전에 '일반가정 학생'이라는 표현이 부적절하다는 것을 깨닫고 급하게 '비다문화가정 학생'으로 표현을 수정했던 기억이 있다.

몇 년이 지난 지금 이 글을 쓰면서 문득 궁금해졌다. 요즈음 학교에서는 다문화와 관련하여 어떤 명칭이 사용되고 있을까? 교육부에 문의한 결과 다문화가정이 아닌 경우를 지칭하는 표현으로 '비다문화가정'이 사용되고 있기는 하지만 사용을 지양한다는 답변을 받았다. 부득이한 경우 '비다문화가정'을 사용하고 있지만, 그러한 표현 자체가 다문화가정과 다문화가정이 아닌 경우를 구분하는 측면이 있기 때문에 사용을 지양한다는 것이다. 필자는 미처 이러한 부분까지는 생각하지 못했다.

필자를 포함한 우리 모두가 한 번 더 생각하고 신중하게 언어를 사용할 필요가 있다. 일상생활에서 무심코 사용하는 많은 언어 표현들이 누군가에게는 상처가 될 수 있음을 인식해야 한다. 그러한 언어 표현들을 사용하고 '잘 몰라서, 미처 생각하지 못해서'라고 하는 것은 면죄부가 될 수 없다. 우리는 내가 사용하는 언어 표현이 누군가를 비하하고 차별하고 있지는 않은지 항상 주의를 기울여야 할 것이다.

김수정_2020. 10. 22.

욕은 지하철을 타고

필자는 자가용으로 출퇴근을 해서 버스나 지하철은 가끔 이용하는데, 그럴 때마다 학생들의 대화 소리에 움찔 놀라고는 한다. 학생들이 주변을 의식하지 않고 큰 소리로 나누는 대화 속에 욕이 난무하기 때문이다. 기분이 나빴던 이야기를 할 때뿐만 아니라 정말 즐거웠던 이야기를 할 때도, 상대방의 이야기에 공감한다는 반응을 보일 때에도, 끊이지 않게 욕을 섞어서 말하는 경우를 흔히 볼 수 있다.

이는 친구들끼리의 사적인 대화에만 국한되는 것은 아닌 듯하다. 필자가 중고등학생을 대상으로 글쓰기 강의를 한 적이 있는데, 조별 활동을 수행하는 아이들의 대화 속에서 종종 욕설이 들렸다. 욕을 한 학생에게 주의를 주자, 자기도 모르게 뱉은 말이라며 나쁜 의도는 없었다고 했다. 사적인 대화뿐 아니라 공적인 수업 시간에도 습관으로 인해 욕 사용을 멈추지 못하는 학생들이 있는 것이다. 물론 모든 학생들이 욕을 사용하는 것은 아니지만, 우리가 생각하는 것 이상으로 많은 학생들이 욕을 습관적으로 사용하고, 그것이 일상적 언어가 되어 문제의식조차 느끼지 못하고 있다.

일상적인 욕 사용이 비단 학생들만의 문제는 아니다. 최근 큰 인기를 끝었던 한 TV 예능 프로그램을 보면서 필자는 우려스러운 마음을 감출 수가 없었다. 힙합 서바이벌 프로그램으로 지원자들이 경연을 하면 심사자가 평가를 하는 방식으로 진행되는데, 심사자의 평가 속에 '삐-' 소리가 가득했다. 지원자들이 좋은 무대를 보여 주지 못했을 때보다 오히려 지원자들의 실력에 감탄을 하거나 무대가 매우 좋았을 때 심사자들은 욕이 섞인 심사평을 했다. '정말 좋다'는 것을 나타내는 최고의 표현인 듯 욕을 시도 때도 없이 사용하는 모습이었다.

물론 방송에서 욕이 그대로 노출되지는 않았다. '삐-' 소리로 음성은 덮였고 자막에는 욕 대신 '정말, 매우' 등의 다른 표현이 쓰였다. 그렇지만 누가 보더라도 욕을 사용하고 있다는 것을 알 수 있는데, 제작진은 출연자들에게 욕설 사용에 대해 아무런 제재를 하지 않은 것으로 보인다. 우려스러운 점은 TV 프로그램에서도 욕을 아무렇지 않게 사용하는 모습을 보면서 시청자들 중 일부는 욕을 사용하는 것이 부끄럽거나 나쁜 일이라기보다는 오히려 하나의 멋으로, 그들의 문화로 받아들일 수 있다는 것이다. 특히 주 시청자가 힙합에 관심이 많은 학생들이라는 점에서 문제는 더욱 심각하다.

이러한 일상적인 욕 사용을 줄이기 위한 방법으로 어떠한 것이 있을까? 혼자 있을 때보다 친구들과 함께 있을 때 욕을 더 사용한다는 점에서 집단 언어개선 활동이 효과적인데, 이때 학교가 중요한 역할을 할 수 있다. 학교 차원에서 시도해 볼 수 있는 방안으로 본인 또는 친구의 욕 사용 실태를 기록하도록 하면 자신의 언어습관을 되돌아보는 기회가 될 것이다. 욕의 뜻을 제대로 알지 못하고 사용하는 경우가 많다는 점에서 욕의 뜻을 정확히 알려 주고 욕 대용어를 사용하도록 하는 것도 하나의 방법이다. 이러한 활동을 통해 학생들 스스로 '욕을 사용하는 것이 부끄러운 일이구나.'라는 인식 변화를 기대할 수 있다. 또한 눈에 띄기 위해 간판이나 식당 메뉴에 욕을 사용한다든지, TV 프로그램에서 욕설이 섞인 표현을 간접적으로 사용하는 경우 등 문제의식 없이 사용하는 일상의 말들에서 욕을 지워 나가려는 노력이 필요하다. 이렇게 아이들과 어른들이 함께 노력한다면 욕이 들리지 않는 지하철을 탈 수 있지 않을까.

김수정_2020. 12. 24.

이게 불교에서 온 말이라고?

먼저 퀴즈 하나 풀어 보자. 다음 밑줄 친 단어 중 불교에서 유래된 것을 모두 고르면?

① 늦깎이 학생

② 사람이 무진장 많다.

③ 세계 7대 불가사의

④ 일반 대중을 대상으로 한 서비스

⑤ 둘은 인연이 아니다.

정답은? 1번부터 5번 모두이다. '인연'이 불교에서 온 말이라는 것을 아는 사람들은 많겠지만, 나머지들은 일상적으로 쓰는 말들이라서 불교에서 유래한 것이라고는 생각해 보지도 않았던 말들일 것이다. 하지만 우리가 일상적으로 쓰는 말들 중 불교에서 유래한 것들이 적지 않다. 퀴즈의 보기로 나온 '늦깎이 학생, 늦깎이 공무원' 등의 표현에서 쓰이는 '늦깎이'도 불교에서 유래한 어휘이다. '늦깎이'는 '늦게 머리를 깎다'라는 의미가 포함된 것으로, 원래 '나이가 많이 들어서 승려가 된 사람'을 이르는 말이지만, 지금은 '나이가 많이 들어서 어떤 일을 시작한 사람'이라는 뜻으로 널리 쓰인다.

'무진장(無盡藏)'은 '끝이 없는 창고'라는 의미로 불교에서는 '덕이 넓어 끝이 없음. 닦고 닦아도 다함이 없는 법의(法義)'를 이른다. 지금은 '줄이 무진장 길다, 무진장 화를 냈다' 등에서와 같이 '다함이 없이 굉장히 많다'는 의미로 쓰인다.

'불가사의(不可思議)'는 본래 불교에서 '말로 표현하거나 마음으로 생각할 수 없는 오묘한 이치 또는 가르침'을 뜻하는 말이다. 현대어에서는 '고대의 7대 불가사의'에서처럼 '사람의 생각으로는 미루어 헤아릴 수 없이 이상하고 야릇함'을 의미한다.

'대중(大衆)'은 '많이 모인 승려' 또는 비구, 비구니, 우바새, 우바니를 통틀어 이르는 말로, 지금은 '수많은 사람의 무리'를 이르는 말로 쓰인다.

'인연'은 인(因)과 연(緣)을 아울러 이르는 말로, 불교에서 '인'은 결과를 만드는 직접적인 힘이고, '연'은 그를 돕는 외적이고 간접적인 힘을 의미한다. 현대어에서는 '사람들 사이 또는 사물과 맺어지는 관계'를 의미하는 말로 쓰인다.

이 외에도 '발로(發露)'(애국심의 발로), '방법(方法)'(사용 방법), '전도(傳道)'(전도 활동), '별도(別途)'(별도의 지출), '분신(分身)'(작가의 분신) 등도 불교에서 유래한 말들이다. 이런 어휘들은 불교가 들어올 당시에는 '신어'였을 것이고, 이런 신어들이 계속 쓰이면서 일상적인 말이 되었거나 의미 변화를 겪기도 하였다.

이렇게 우리가 일상적으로 쓰고 있는 말들 중 불교에서 온 것들의 비중이 상당한 것은 불교가 오래전에 전래되었고, 우리 민족과 오랜 시간을 더불어 지내 왔기 때문이다. 우리나라에 불교가 들어온 것이 대략 1,500년 전이라고 하니, 천오백여 년을 더불어 지낸 불교가 우리 민족의 생활, 관습, 문화, 언어 등에 많은 영향을 끼쳤음은 당연한 일이다. 어떤 단어의 뜻을 이해하고 어디에서 온 말인가를 찾아보면, 그 단어와 관련된 사회문화적인 배경을 알 수 있게 된다. 이렇게 불교에서 유래된 어휘들을 살펴보면, 불교가 우리 민족과 오랜 시간을 더불어 지내 온 종교이고 우리 삶에 많은 영향을 끼쳤음을 자연스럽게 알게 된다.

홍미주 _ 2021. 3. 18.

같지만 다를 수밖에 없음

몇 해 전 수업에서, 북한에서 온 학생을 만난 적이 있다. 그 학생과 글쓰기와 말하기에 대해 상담을 하다가 한국 생활에서 가장 어려운 것이 언어라는 것을 알게 되었다. 같은 한국어를 쓰는데 가장 어려운 것이 언어라니, 처음에는 의아하게 생각되었다. 이야기를 들어 보니 사용하는 표현이나 말투가 남한과 달라 남한 사람들이 자신을 오해하거나 부정적으로 생각하는 경우가 종종 있다는 것이었다.

그렇다면 남한과 북한에서 쓰는 말이나 표현이 어떻게 다른 걸까? 가장 널리 알려진 것은 하나의 대상을 남한과 북한에서 다르게 지칭하는 경우이다. 남한에서는 '나이테', 북한에서는 '해돌이'라고 하는 것이 그 예이다. 다음으로는 형태는 같은데 의미가 조금 다른 경우로, 남한에서는 '소용이나 필요가 없다'를 의미하는 '일없다'가 북한에서는 가벼운 사양을 표현하거나 '괜찮다'라는 의미로 사용된다.

그리고 언어예절 측면에서, 북한에서는 경어법과 관련된 표현이 제한적으로 사용되거나 일상에서 존칭표현들을 남한에 비해 덜 쓴다. 북한에서는 '여사(女士)', '자제(子弟)', '댁'과 같은 단어와 '-께서', '-님', '-시-' 등의 존칭 표현들이 김일성과 그 가계에만 사용된다. 그렇기 때문에 북한 사람들은 남한 사람들에 비해 일상에서 존칭 표현들을 덜 쓰게 되는데, 이 때문에 남한 사람들에게는 무례하게 들리기도 한다.

화법에서도 차이가 나는데, 거절을 할 때 남한 사람들은 상대방을 생각해 간접적으로 거절의 의사를 표현하는 경우가 많다. '어려울 것 같다'라고 하거나 자신이 요청을 수용하기 어려운 상황을 이야기하는 방식으로 거절 의사를 표현하는 것이 보통이다. 그런데 북한에서는 상대가 오해하지 않도록 확실하게 말하는 것을 중요하게 여기기 때문에 거절을 간접적으로 하기보다 자신의 의사를 분명하게 표현한다고 한다. 이런 차이 때문에 북한 사람 입장에서는 남한 사람이 한 간접적인 거절 표현이 자신의 요청을 거절한 것인지 받아들인 것인지 확실하게 알기 어려운 상황이 발생하기도 한다. 그리고 남한 사람은 북한 사람이 직접적으로 표현하는 거절을 듣고 체면이 상한다거나 상대방이 무례하다고 느낄 수도 있다.

고려대학교 민족문화연구원의 「2016년 남북 언어 의식 조사」에 따르면, 일반인, 북한이탈주민과 접촉한 경험이 있는 접촉국민, 북한이탈주민 모두 북한이탈주민들이 직설적으로 말하며 순우리말과 공격적인 표현을 많이 쓴다고 인식했다. 이렇게 북한이탈주민이 직설적이고 공격적으로 말한다고 느끼는 것은 북한에서 존칭표현을 일상에서 많이 쓰지 않고, 거절 의사를 직접적으로 표현하거나, 사소한 일에는 감사의 인사를 잘 하지 않는 말하기 방식 등에서 연유할 수도 있다. 이 때문에 북한에서 온 학생이 남한 사람들에게 공격적이고 강하게 말한다는 이야기를 듣지 않았을까.

북한이탈주민들도 남한에서 생활하는 만큼 남한 사람들과 자연스럽게 의사소통할 수 있도록 남한의 언어를 익히고 사용하려는 노력이 필요할 것이다. 그리고 남한 사람들도 북한 사람들이 같은 한국어를 사용하고는 있지만 언어적 표현에 차이가 난다는 것을 인식하고, 어떤 차이가 있는지 알 필요가 있다.

외국인이 한국어를 잘못 쓰거나 실수를 하는 경우에는 외국인이니까 그렇지라고 이해하는 경우가 많지만, 북한에서 온 사람들이 그럴 경우에는 남한과 같은 한국어를 쓰는데 왜 저렇게 말하지 하고 이해를 못하거나 부정적으로 생각하기도 한다. 북한에서 온 사람들은 같은 민족이고 같은 언어를 쓰기는 하지만, 다른 체제에서 나고 자란 사람들이다. 그렇기 때문에 남한 사람과 사고방식이나 말하는 방식 또한 다를 수밖에 없다. 다를 수밖에 없음을 인정하고 그 다름을 배척하지 않는 게 현재 우리에게 필요한 것이 아닐까.

홍미주_2021. 6. 10.

말과 글의 정반합

인간의 언어는 말과 글이라는 두 가지의 방식으로 형상화된다. 말은 공기를 통해 전파되는 소리인 음성에 의해, 글은 물체의 표면에 부착된 시각화된 기호에 의해 전달된다. 매개체의 물리적 성질 차이에 기인한 말과 글의 차이점은 크게 세 가지로 나누어 볼 수 있다. 첫째, 말은 청각적 정보를 제공하고 글은 시각적 정보를 제공한다. 둘째, 말은 순간적이고 글은 영속적이다. 마지막으로 말은 운율적 요소를 가지고 있으나 글에서는 운율적 요소가 배제된다. 일반적으로 언어를 언급할 경우에 글보다는 말을 먼저 떠올리기 쉽다. 가령 "나는 프랑스어를 할 줄 안다."라고 말하면 '프랑스어로 음성 대화가 가능하다'라는 의미로 받아들이기 마련이다.

글보다 말을 중요시하는 태도는 현대 언어학의 중요한 특징이기도 하다. 현대 언어학은 개별 언어의 특성을 넘어서는 언어 보편적인 특성과 체계에 대한 관심을 기울이는데, 세계의 많은 언어들이 글이 아닌 말로만 존재하기 때문이다. 말을 글보다 중시하는 이들은 시간 순서상 언제나 말이 글을 앞선다는 점을 강조한다. 진화론적인 관점에서 볼 때, 언제나 말을 매개로 글이 발달했으며 그 반대의 경우는 존재하지 않는다.

언어를 배우는 과정에서도 말이 글을 앞선다. 거의 모든 유아는 정규 교육 없이도 완전히 새롭고 복잡한 체계(말)를 능숙하게 습득하는 반면, 글은 정규 교육의 힘을 빌려 이미 습득한 말의 체계에 문자를 대입하는 방식으로 학습하게 된다.

말과 글에는 각각의 특성을 드러내는 구조와 표현들이 나타난다. 예를 들어, 구어체에는 비정상인 문장 구조와 비속어의 사용, '한테, 랑, 더러' 등의 조사, 반말의 '요' 등이 주요한 특징으로 나타난다. 또한 화자의 즉흥적인 수정을 반영하여 관형어나 부사어가 도치되는 현상이 빈번하다. 문어체에는 '-로다, -ㄹ진대, -오' 등과 같은 특정한 어미, '그, 그녀'와 같은 대명사, '매우'와 같은 부사 등과 같이 문어에서만 나타나는 표현들이 등장한다. 구조적으로는 완결된 문장 구조가 빈번하게 등장하는 것도 문어체의 중요한 특징이다.

말과 글이 그 매개체와 구조적, 표현적 특성에 따라 뚜렷이 구분이 되는 듯 보이지만, 실제로는 말과 글의 경계가 모호한 경우가 많다. 원래는 말로 전달된 정보들이 글로 기록되거나 글로 작성한 문서를 강연 등에서 읽어 나가는 경우를 생각해 보자. 전자의 경우에 말에서 나타나는 불필요한 반복이나 '음, 글쎄'와 같은 간투사 사용 등 구어(말) 고유의 특징이 글에서 나타난다고 볼 수 있다. 특히 소설의 인용문에서 나타나는 여러 가지 구어적 특징은 매개체만으로 문어와 구어를 구분하는 것이 어려움을 증명한다. 후자의 경우로는 연설문을 예로 떠올릴 수 있다. 분명히 음성으로 전달되기 때문에 구어로 분류해야 하지만 완성본이 나오기 전에 여러 번 수정을 거친 문서를 바탕으로 했기 때문에 응집성이 뛰어나다는 문어적 특성이 드러나기 마련이다.

더욱 근본적으로는 말과 글에서 나타나는 형태, 통사, 의미, 화용 단위의 구조적 특성이 크게 차이 나는 바가 없다는 점에서 둘을 별개로 받아들일 수는 없다고 보는 것이 주류 언어학계의 견해이다. 특히 최근 기술의 발달에 따라, 말은 실시간으로 글로 변환되고 말 대신 글을 즉각적으로 주고받는 일이 가능해짐에 따라 말과 글의 구분이 더욱 모호해졌다. 말과 글이 하나로 통합되는 진정한 의미의 언문일치의 시대가 열리고 있는 것일까?

김진웅 _ 2021. 8. 5.

취미로서의 글쓰기

8월 첫째 주, 일 년을 손꼽아 기다린 여름 휴가철이 본격적으로 시작되었다. 그런데 올해 여름휴가는 코로나19로 예년과는 사뭇 다른 모습이다. 해외여행은 생각조차 할 수 없고 국내여행도 선뜻 나서기가 쉽지 않다. 캠핑, 등산, 골프 등 상대적으로 사회적 거리 두기를 지키며 여가를 보낼 수 있는 취미 활동이 유행이라지만, '이불 밖은 위험해!'라는 생각에 여름휴가를 오롯이 집 안에서만 보내려는 사람들이 많다. 올해 여름휴가를 집캉스로 계획 중이라면 글쓰기라는 취미를 만들어 보는 것은 어떨까?

책 읽기가 취미라고 하는 사람은 종종 볼 수 있지만 글쓰기가 취미인 사람은 흔치 않은 것 같다. 필자가 만난 학생들 중에는 오히려 글쓰기에 대한 막연한 두려움을 느끼고 글쓰기 자체를 기피하는 경우가 많았다. 대학에서 글쓰기 강의를 할 때 필자가 가장 신경 쓰는 부분은 학생들이 가지고 있는 글쓰기에 대한 두려움을 없애는 것이다. 글쓰기에 대한 막연한 두려움, 막막함을 극복하지 못한다면 교수자가 설명하는 글쓰기의 과정, 좋은 문단 쓰는 법 등의 글쓰기 이론은 아무런 의미가 없기 때문이다.

글쓰기가 막막하고 두려운 대상이 된 이유는 무엇일까? 저마다 다양한 이유가 있을 수 있겠지만 필자가 생각할 때 '평가받는 글쓰기'가 주는 부담감이 큰 요인인 것 같다. 어찌 보면 글쓰기는 늘 평가의 대상이었다. 초등학교 때는 지극히 개인적인 글쓰기인 일기를 매일 담임 선생님께 평가받았다. 검사가 끝난 일기장을 확인할 때면 '참 잘했어요!' 도장이 찍혀 있기를 내심 기대하곤 했다. 중학생이 된 후로 학교에서 쓰는 거의 대부분의 글은 'A, B, C'와 같은 점수가 매겨지는데, 좋은 성적을 받기 위해 'A'가 절실했고 이 절실함은 '참 잘했어요!'를 기대하던 초등학교 시절과는 비교할 수 없을 만큼의 큰 부담감을 안겨 줬다. 대학에 와서도, 사회에 진출해서도 내가 쓰는 글의 대부분은 누군가에게 평가를 받는다. 글에 대한 평가가 나에 대한 평가가 되면서 어느새 글은 쓰는 것 자체가 부담스럽고 두려운 존재가 되어 버린 것이 아닐까.

처음 필자가 말한 '취미로서의 글쓰기'는 '평가받는 글쓰기'를 말하는 것이 아니다. 과업의 성격을 띠며 평가의 대상이 되는 글쓰기가 아니라 다른 누군가를 의식하지 않고 자유롭게 자신의 생각을 글이라는 도구로 풀어내는, 놀이 같기도 하고 자기 고백 같기도 한 글쓰기를 말하는 것이다. 그런데 '평가받는 글쓰기'에 익숙해져 버린 이상 '취미로서의 글쓰기'가 더 어렵게 느껴질 수도 있다. 지금까지 대부분 주어진 조건과 지시 사항에 따라 글을 써 왔기 때문에 그러한 글쓰기 상황이 주어지지 않으면 스스로 글쓰기 대상을 찾는 것부터 난관에 봉착할 수 있다. 이때 필자가 추천하는 하나의 방법은 자기 자신에 대한 글을 써 보는 것이다. 나의 인생 연보를 작성하여 시기별로 기억에 남는 일들을 정리해 본다든지 버킷 리스트를 작성해 봄으로써 나 자신을 성찰할 수 있고 자연스럽게 글감도 찾을 수 있다. 나에 대한 글쓰기가 익숙해지면 다른 사람에 대한 글쓰기, 사회 문제에 대한 글쓰기 등으로 확장해 보는 것도 좋다. '취미로서의 글쓰기'는 어쩌면 말보다 더 자유롭고 깊게 나에 대해, 타인에 대해, 우리 사회에 대해 사유할 수 있는 기회를 준다. 코로나19 시대, 이번 여름휴가는 집에서도 완벽히 즐길 수 있는 취미 활동인 '글쓰기'를 추천한다.

김수정_2020. 8. 6.

한국어, 한류 코인을 타다

"무궁화 꽃이 피었습니다."

넷플릭스 드라마 <오징어 게임>이 전 세계적으로 인기다. 이제 한류는 따로 홍보할 필요도, 우리가 어디어디에서 1등을 했다고 애써 알려 줄 필요도 없는, '그냥' 일상이 되어 가고 있는 것 같다. 예전에 <강남스타일>이 유튜브 인기를 발판으로 빌보드 차트 순위에 들었을 때까지만 해도 우리는 만나는 외국인들에게 "두 유 노 싸이? 두 유 노 강남스타일?"을 외치고 다녀야 했다. 하지만 지금은 그냥 "무궁화 꽃이 피었습니다."만 하면 처음 보는 외국인도 얼어붙게 만들 수 있다.(실제로 필자가 지난 한국어 수업에서 갑자기 저 문장을 말하고 고개를 돌렸을 때 많은 학생들이 가만히 멈춘 채 눈만 깜빡이고 있었다.)

언어 교수 이론이나 언어와 문화의 상관관계에 대한 이해가 없다 하더라도 한국 문화에 대한 긍정적 인식이 한국, 또는 한국어의 위상을 높여 주리라는 것은 쉽게 생각해 낼 수 있다. 실제로 5년 전만 하더라도 대학에서 강의하는 가장 초급 단계의 한국어 수업에서 대부분의 학생들이 '안녕하세요'를 제외하면 다른 문장을 말하기는커녕 '가나다' 같은 쉬운 한글도 읽을 수 없었다. 하지만 최근에는 받침이 있는 한글을 읽고, 간단한 회화도 할 수 있는 학생들의 수가 점점 증가하고 있다. 이는 한국이 아닌 곳에서도 개인적인 관심에서든, 매체의 노출에 의해서든 한국어에 대해 흥미를 가지거나 한국어를 배우는 사람들이 점점 많아지고 있음을 보여 준다 하겠다.

말 그대로 한국어는 지금 '한류 코인을 타고' 있다. '~ 코인을 타다'는 앞으로 전망이 좋을 것으로 기대되는 단어 뒤에 써서, 그것에 편승함을 나타내는 신조어 구이다. 한류를 잠깐 반짝이고 사그라들 현상이라고 보는 사람들도 있었지만, 결과론적으로 한류의 불길은 점점 거세지고 있다. 하지만 우리 역사에서, 다른 나라의 사례에서 문화가 순식간에 융성하고 쇠퇴하는 것을 쉽게 찾아볼 수 있어 그저 마음을 놓고 있기엔 어딘가 불안하다. 예를 들어 한글은 언어학자라면 그 누구라도 부정하기 어려울 만큼 과학적이고 체계적인 문자이다. 당대 최고의 언어학자였던 세종이 말년에 한글을 창제한 후 스스로 얼마나 흡족하였을지 쉽게 짐작할 수 있을 것이다. 또 최만리 등의 반대 상소를 논파하면서, 『용비어천가(龍飛御天歌)』, 『석보상절(釋譜詳節)』 등 한글 문헌을 간행하면서 지금 당장은 아니더라도 조만간 한글이 널리 사용될 것을 기대하였을 것이다. 그러나 한글이 국문(國文), 즉 공용 문자가 된 것은 1894년 갑오개혁 때니 객관적으로 우수하고 보편적 가치가 높다고 해서 무조건 다 융성하는 것은 아님을 알 수 있다.

그럼에도 불구하고, 448년이나 지난 후에 한글을 국문으로 만든 힘은 무엇이었을까?

한글은 한자처럼 숭상의 대상은 되지 못했지만, 창제된 이래로 끊임없이 일상을, 개인적 감정을, 평생에 걸쳐 터득한 솜씨를 전달하는 매개체로 기능했다. 높은 정신세계와 깊은 사유의 결과물을 한문 문장으로 풀어내는 것에 통달한 양반 사대부들도 사랑하는 아내와 아이들에게 편지를 쓸 때는 한글을 사용하였다.

한국인이라면 누구나 한류가 더 오래 지속되기를 원할 것이다. 한류를 통해 대한민국, 한국어의 위상이 높아지기를 원할 것이다. 한글이 우리 민족에게 그랬던 것처럼 한국어, 한국 문화가 오래도록 세계인의 일상과 함께하며 '보통의' 사람들을 대변해 주기를 기대해 본다.

안주현_2021. 10. 14.

제2부

02 새말 속에 담긴 우리 문화

신어로 바라보는 우리의 삶

국립국어원에서 펴낸 『2018년 신어 조사』 자료집의 최고 빈도 신어 1위는 '판문점 선언', 2위는 '미투 운동'이다. 국립국어원에서 매년 펴내는 신어 자료집의 빈도순 목록을 살펴보면 흥미로운 사실을 발견할 수 있다. 2015년 1, 2위 신어는 각각 '셀카봉', '땅콩 리턴'이었고, 2016년은 '흙수저', '아재 개그'였다. 또 예년과 다르게 5월에 대선이 있었던 2017년은 '장미 대선', '벚꽃 대선'이 각각 4위와 6위를 기록했다. 이러한 고빈도 신어에 대한 일련의 목록은 신어를 대략 가볍고 격이 낮은 표현으로 인식하는 우리의 인상적인 평가가 다소 왜곡되어 있음을 보여 준다.

해마다 출현하는 새로운 형태의 어휘를 그해의 신어로 수집하는 것과 그러한 신어를 실제 사전에 등재하는 것은 별개의 문제이다. 매년 500개 내외로 수집되어 온 신어 중에서 대중들에게 인정을 받아 안정적으로 언어 공동체에 정착하는 신어의 수는 그리 많지 않고, 일반적으로 정착한 신어만이 사전에 등재되기 때문이다. 언어권별로 신어의 삶과 죽음에 대한 연구가 수행되어 왔는데, 한국어의 경우 10여 년간의 추이 조사에서 대략 20%에서 30%의 신어만이 살아남아 사전 등재의 후보 대상이 된다는 연구가 있다. 다른 말로 70%에서 80%의 신어는 사라진다는 것이다. 그러니 우리가 신어의 남발과 남용을 고민하거나, 교육적으로 이러한 신어의 사용을 어디까지 허용해야 하느냐 마느냐를 논쟁하는 것은 별로 생산적인 논의가 아니다.

신어의 삶과 죽음을 판단하는 유일한 기준은 '빈도', 즉 우리가 얼마나 많이 사용하느냐이다. 웹의 언어 사용 비중이 높아진 최근에는 웹에 등장한 대중매체에서 그 어휘가 얼마나 사용되어 왔느냐를 자동으로 분석하여 신어의 생존 여부를 측정할 수 있다. 직관적으로 익숙하거나 자주 사용된다고 여겨지는 것에 대한 판단은 개인마다 다르기 때문에, 연도별 빈도와 출현한 기사 건수 등이 객관적인 기준으로 활용된다. 지난 2015년 <옥스퍼드 온라인 사전>은 'manspreading(쩍벌남)', 'wine o'clock(와인을 마시기 좋은 시간)', 'butt dial(바지 주머니 안에 넣어 둔 전화기의 버튼이 눌려 전화가 잘못 걸리는 일)' 등을 새로이 등재했는데, 이들 역시 언중들에게 인정을 받아 충분한 빈도로 쓰인 예들이다. 그렇다면 어떤 부류의 신어가 이러한 빈도의 기준을 충족할까? 오래 살아남는 신어의 비밀은 무엇일까? 아쉽게도 그 요인은 한 마디로 설명되지는 않는 듯하다.

정착된 신어는 새로운 현상이나 제도 외부로부터 들여온 새로운 문물을 가리키는 좁은 기능만으로는 더 이상 설명되지 않는다. 2005년도 이후의 신어들을 장기 추적해 보면, 오래 살아남은 신어의 부류에는 새로이 나타난 현상, 제도에 대한 명명으로는 설명할 수 없는 신어들이 더 많이 존재한다. 신어가 가진 다른 기능 중 대표적인 것은 새로운 범주화나 가치 부여라고 할 수 있다. 예를 들어 '엄친딸'은 단순히 '엄마 친구의 딸'을 가리키는 것이 아니라, '나'와 비교하여 많은 장점을 가지고 있는, 그래서 엄마가 늘 나와 비교하는 대상을 새롭게 범주화한다. 일반적으로 엄친딸은 부러움의 대상이자 완벽한 조건을 가지며, 아들 버전인 '엄친아' 역시 마찬가지다. '훈녀'나 '훈남'도 유사한데, 예로부터 잘생긴 남녀는 늘 있어 왔지만, 보고 있으면 가슴이 '훈훈할' 정도라는 감성적인 기준을 더해 새롭게 만들어진 말이다. 이것 역시 외적 특성만이 아닌 새로운 기준으로 잘생긴 사람을 범주화하고 있다는 점에서 신어가 가진 새로운 범주화의 기능이라 볼 수 있다. 2005년 신어인 '다둥이 가족'은 다자녀 가정이 유표적인 존재가 되면서 생겨난 말이고, 2006년 '골드미스'는 능력 있는 미혼 여성이 증가한 당시 현실에서 새롭게 등장하여 현재까지 사용되고 있다.

신어는 지칭할 표현이 마땅히 없는 새로운 사물이나 제도를 명명하는 것을 넘어서, 언중이 가지는 언어의 창조성, 새로움의 추구, 웹과 모바일을 통한 언어유희의 향유 등을 보여 주며 이러한 요인들이 뒤섞인 복합적인 존재 이유를 가진다. 언어학자가 아니더라도 신어를 통해 우리 삶의 변화 양상과 언어의 변화를 들여다보는 것은 흥미로운 일이다.

남길임_2019. 5. 16.

신어, 언어의 규칙과 창조성 사이

인간만이 가지는 언어 능력이나 언어의 창조성에 대해서 의문을 품는 사람은 거의 없을 것이다. 하지만 언어의 창조성이 무엇인가에 대해서는 맥락에 따라 또는 전공 분야에 따라 전혀 다른 관심사가 존재한다. 일반적으로 언어의 창조성은 시나 소설 등에서 언어를 아름답게 쓰는 문학적 창조성으로 이해되는 경우가 많지만, 언어학 이론에서는 한정된 문법 규칙을 가지고 한 번도 들어 본 적이 없는 문장을 생성해 내는 인간의 언어 능력을 뜻한다. 전자의 문학적 창조성은 소수의 문학가들에 의해 발휘되는 유표적인 창조성이지만, 후자는 문법적 창조성이라고도 불리며 인간이라면 누구나가 가지고 있는, 무표적인 창조성이라는 점에서 차이가 있다.

최근 유행하는 일련의 신어에서는 이 두 가지 창조성 중 어느 것에도 해당되지 않는, 새로운 창조성이 존재한다. '취향 저격, 대략 난감' 같은 신어들이 그러한 부류들이다. 좀 더 부류를 넓히면 '영혼 가출, 폭풍 흡입, 추억 소환, 실물 영접, 불량 엄마' 등도 유사한 효과를 가진 표현이다. 우리는 왜 '취향 존중', '취향 맞춤'과 같은 기존의 표현 대신 '취향 저격'과 같은 새로운 표현을 쓰게 될까? 또 단순히 추억하거나 추억을 되살리는 것 대신 '추억'을 '소환'하며, 실물을 보거나 취하는 것 대신 '실물'을 '영접'하는 것일까?

우리가 '취향 저격'을 새로운 말로 인식하고 신선하게 느끼는 이유는 '취향'과 '저격'의 낯선 조합 때문이다. 사전에서 '저격'은 '일정한 대상을 노려서 치거나 총을 쏨'이라고 뜻풀이되어 있고, '저격 사건, 저격을 가하다'와 같이 쓰인다. 그런데 이러한 '저격'이 '취향'과 만난 것은 매우 새로운 사건이다. 심지어 '소환'은 법률 전문 용어로 '법원이 피고인, 증인, 변호인, 대리인 따위의 소송 관계인에게 소환장을 발부하여 (…) 장소에 나올 것을 명령하는 일'(『표준국어대사전』)이라고 풀이된다. 소환장을 발부받아야 소환을 할 수 있는데, '추억 소환'이라니 너무 과한 것 아닌가 생각된다.

언중은 이러한 낯선 조합, 일반적인 관습에서 의도적으로 비껴 나간 조합에 흥미를 느끼고 말맛의 새로움을 향유한다. 결국 이러한 표현은 기존의 식상한 표현을 대체하며 강한 효과를 주고 신어의 반열에 오르기도 한다. 이러한 일탈은 신어가 엉뚱하게 느껴지거나 규범을 일탈하고 비문법적으로 느껴지는 주된 이유를 제공한다. 낯선 조합의 긍정적인 효과는 의도된 일탈을 통해 언어를 창조적으로 사용하며 강력한 인상과 재미를 준다는 것이다. 어떤 연구자는 이러한 창조성을 문학적 창조성과 문법적 창조성 사이의 어딘가에 있는 제3의 창조성으로 명명했는데, 그 이유가 바로 여기에 있다. 한편 매우 규범적인 관점에서는 이러한 조합들이 한국어의 규칙을 어겨 언어를 오염시킨다는 반론도 존재한다.

다시 언어의 창조성으로 돌아가 보기로 하자. 그 유명한 김영랑의 시 「모란이 피기까지는」에 나오는 "찬란한 슬픔의 봄"이나 조지훈의 「승무」에 나오는 "얇은 사 하이얀 고깔은 고이 접어서 나빌레라"와 같이 '시적 허용'에 해당하는 사례들은 다름 아닌 문학적 창조성의 대표적인 사례들이다. 현실 언어에서 '찬란한'은 '슬픔'이나 '봄'과 어울리기 어려우며, '하이얀' 역시 '하얀'의 오기라고 해야 마땅하다. 그럼에도 불구하고 주어진 맥락에서 규범적 표현이 가질 수 없는 효과를 낸다. 이러한 문학적 창조성과 신어의 창조성을 명백하게 구분할 수 있을까? 몇 년 전 꽤나 유행했던 '노오력', '노오오력'이나 '소오름'과 같은 신어가 '하이얀 고깔'이나 "노오란 네 꽃잎이 피려고"(서정주, 「국화 옆에서」)에서의 '하이얀, 노오란'보다 덜 창조적이라고 볼 수는 없을 것이다. '자소설, 호갱, 잉문학, 득템' 등 꽤 높은 빈도로 사용되는 신어는 재치 있는 언중의 창작물로 평가받아야 마땅하다. 신어는 언어 규칙과 창조성의 사이 어느 지점에 존재하며, 두 지점 사이를 적절히 오가는 언중의 직관과 창조성은 언어학자가 보기에도 감탄할 만한 대단하고 오묘한 능력이다.

남길임_2019. 7. 25.

세대 간 언어 격차 해소를 위한 '신어 오지라퍼'

흔히 '오지랖이 넓다'는 말은 쓸데없이 지나치게 아무 일에나 참견하는 사람을 가리킬 때 쓰인다. 그런데 최근 한 공익 광고에서 디지털 격차 해소에 도움이 되는 긍정적인 오지랖을 내세우고 있어 흥미롭게 본 기억이 있다. 공익 광고의 내용은 이렇다. 카페 무인 단말기 앞에서 어려움을 겪는 중년 여성과 목적지를 찾지 못해 헤매는 어르신께 친숙한 이미지의 연예인이 다가가서, 무인 단말기 주문을 도와 드리거나 스마트폰 지도 검색 사용법을 알려 드리는 등 '디지털 오지라퍼'로 활약한다. '오지라퍼'는 '오지랖'에 사람을 나타내는 영어 접미사 '-er'이 붙어 오지랖이 넓은 사람을 지칭하는 말로 쓰인다. 디지털 세상에서 디지털을 누리지 못하고 오히려 소외되는 분들에게 먼저 다가가 도와 드리자는 의미로 '디지털 오지라퍼'를 내세운 것이다.

디지털 격차를 해소하기 위한 '디지털 오지라퍼'에 필자도 적극 동감하는 한편, 디지털 격차와 무관하지 않은 세대 간 언어 격차를 새삼 생각해 보게 되었다. 세대 간 언어 격차는 어느 시기나 있어 왔겠지만, 요즘처럼 그 정도가 심하지는 않았을 것이다. 필자가 어릴 때만 해도 휴일의 모습을 떠올리면 온 가족이 함께 텔레비전을 보는 장면이 생각난다.

요즘은 어떠한가. 디지털 매체의 다변화로 인해 부모님은 텔레비전, 첫째는 유튜브, 둘째는 SNS를 보고 있지 않을까? 이러한 디지털 미디어 환경 변화에 따른 세대 간 디지털 격차가 세대 간 언어 격차를 심화시키는 하나의 원인이 되고 있다. 세대 간 언어 격차는 세대 간 불통을 낳으며, 특히 새로운 디지털 매체에 익숙하지 않은 중년층, 노년층의 언어 소외는 심각한 문제로 인식될 필요가 있다.

필자의 부모님도 함께 텔레비전을 시청할 때면 종종 텔레비전에서 나오는 신어의 뜻을 물어보곤 하신다. 필자의 설명을 듣기 전까지는 텔레비전의 사람들이 왜 웃는지, 어떤 상황인지 이해하지 못하시는 경우가 꽤나 있다. 부모님 세대에게만 이러한 답답함이 있는 것은 아니다. 유튜브, SNS에 무관심한 필자 역시 강의를 하면서 학생들의 발표를 들을 때, 학생들이 사용하는 말을 이해하지 못하는 경우가 있다. 그럴 때면 필자는 학생들에게 그 말의 의미와 쓰임을 물어보는데, 본인들에게는 익숙한 표현을 모르는 선생님의 모습에 당황하면서도 한편 신이 나서 성심성의껏 알려 준다. 오히려 학생들에게 신어를 배우면서 학생들과 소통하고 있음을 느끼기도 한다.

필자에게 신어의 의미와 쓰임을 알려 준 학생들처럼 나도 누군가에게 '신어 오지라퍼'가 돼 보면 어떨까? 내가 사용한 말을 이해하지 못하는 분이 있다면, 그냥 지나치거나 답답해하지 말고 그 말의 뜻을 설명해 주는 '신어 오지라퍼' 말이다. 최근 한 예능 프로그램에서 젊은 출연자가 삼겹살을 먹으면서 "미쳤다!"라고 외쳤다. 요즘 '미쳤다'는 기존의 의미 외에 '미치도록 좋다'는 극찬의 표현으로 자주 쓰이는데, '미쳤다'의 새로운 의미를 모르는 중년의 출연자는 그 상황을 이해하지 못했다. 이에 나머지 출연진들이 모두 입을 모아 '미쳤다'의 새로운 의미를 알려 주었고, 중년의 출연자는 그 말의 뜻을 바로 이해하여 적절하게 구사하였다. 우리 주변에서도 이러한 '신어 오지라퍼'들이 활약하고, 신어를 모르는 사람도 새로운 말에 대한 거부감보다는 알아 가려는 태도를 가진다면 세대 간 언어 격차를 조금은 줄일 수 있지 않을까.

김수정_2021. 3. 11.

격동기의 사전, 한국어 사전의 미래

올 1월에 개봉된 영화 <말모이>는 일제의 탄압 속에서 우리말과 한글을 지키고자 목숨까지 걸었던 연구자와 한글 운동가들의 노력을 감동적으로 보여 준다. 격동기의 사전을 연상할 때 가장 먼저 떠오르는 사건은 일제 치하에 우리말 사전을 편찬함으로써 민족의 혼을 지키고자 했던 이른바 '조선어학회 사건'일 것이다. 그런데 시야를 좀 넓혀 전 지구적인 관점에서 사전을 바라볼 때, 인쇄사전의 몰락과 인공지능의 발달이 교차하고 있는 지금이야말로 사전의 격동기란 말에 가장 어울리는 시점이 아닌가 한다.

유수의 세계적 사전 출판사들이 문을 닫았으며, 겨우 명맥을 유지하고 있는 몇 안 되는 사전 출판사는 인쇄사전이 아닌 온라인 또는 모바일 매체를 위한 사전으로의 변화를 통해 다른 판로를 힘겹게 모색 중에 있다. 거기에 더하여 사전보다는 온라인 자동번역기를 선호하는 대중들이 늘어나고 있는 상황에서, 더욱 강력해진 포털은 기존 사전의 콘텐츠를 모아 '사전 서비스'를 제공한다. 이러한 현실 속에서 정교한 언어사전 편찬에 대한 논의는 자취를 감춘 지 이미 오래다.

'사전 위기론'이라 할 만한 이러한 현상은 이미 오래전에 예고된 바 있다. 2012년 유럽사전학회는 "2020년에도 사전을 만드는 사람이 존재할까?"라는 좌담 주제를 다루었고, 학자들은 여러 논문에서 '사전의 위기' 또는 '사전은 죽었다'와 같은 강렬한 표현으로 우려를 표하였다. 오늘날에 이르기까지 전 세계 사전학계는 인쇄사전의 몰락과 웹 사전의 확산을 예의 주시하며 새로운 사전의 진로를 모색 중에 있다. 사전 또는 사전학처럼 세월의 부침이 많은 연구 분야가 있을까 싶을 정도다.

일반인들에게는 잘 알려져 있지 않지만 최신의 언어 정보와 정교한 기술을 담은 언어 사전은 여러 측면에서 매우 중요하다. 사전의 수준이 그 나라의 문화 수준을 반영한다는 말이 있을 정도로 사전이 가지는 문화적 가치도 중요하지만, 자동응답시스템이나 감성분석 등 자연언어처리나 언어를 배우는 외국인 학습자를 고려할 때, 사전의 실용적인 부가가치는 엄청나다. 최근 들어, 세계 사전학계는 인간과 기계의 완전한 의사소통을 추구하는 인공지능의 시대에 필요한 새로운 사전 모델을 매우 비중 있게 다루고 있다.

웹과 모바일의 발달로 언어와 관련한 정보는 넘쳐나고 신조어의 등장과 소멸의 속도는 유례없이 빨라졌으며, 의미의 변화도 사전이 따라잡지 못할 만큼 빈번하고 빠르다. 사용자들의 사전 집필에의 참여는 '사용자 혁명'이라 부를 만큼 사전 편찬의 지평을 상당 부분 바꾸는 사건이 될 것이다. 하지만 그럴수록 사전학자의 언어 사실에 대한 정확한 판단과 언어정책적 관점도 중요해질 것이다.

다시 한국어사전으로 넘어와 보자. 한국어사전 역시 전 지구적 사전의 격동기에서 예외적인 상황이 아니다. 국립국어원에서 편찬한 『표준국어대사전』이나 대학에서 공을 들여 편찬한 사전들은 주요 포털에서 서비스되는 대표적인 사전이 되었고, 더 이상 인쇄사전으로 팔리지 않는다. 인쇄사전의 상업적 모델이 통하지 않는 현실에서 사전에 대한 민간의 관심과 투자는 생기지 않을 것이다. 또 <우리말샘>과 같이 사용자의 참여로 이루어지는 온라인 사전이 속속 등장하고 있으나, 이들의 정보를 어디까지 신뢰할 수 있는지 어떤 지침을 통해 운영해야 할지에 대해서는 여전히 논의가 필요한 상황이다. 이러한 격동기의 시점에서 눈여겨 살펴볼 만한 지점은 지금까지 한국 사전의 발달을 이루는 데 원천이 되었던 한국어 사전에 대한 관심과 투자는 거의 없다는 점이다.

곧 한글날이다. 적어도 한글과 우리말에 대한 정보 처리 기술에 대해서는 한국인인 우리가 주도권을 가져야 한다는 데 이의를 제기할 사람은 없을 것이다. 세계 사전학의 관심은 기존의 단어 중심 사전을 넘어 맥락이나 언어의 관습성을 더 많이 반영한 의미 단위 중심의 사전으로 가고 있으며, 한국어 역시 한국인의 의사소통 양상을 온전히 담은 이상적인 사전에 대한 연구가 필요하다. 현 시점이 이른바 사전의 패러다임이 변화하고 있는 격동기인 동시에 한국어의 유형론적 특성을 반영한 '새로운 형태의 사전'이 필요한 시점임을 인지할 필요가 있다.

남길임_2019. 10. 3.

사전이 말해 주지 않는 의미

사전을 연구하는 연구자로서, '사전'에 대한 국민적 신뢰가 매우 부담스럽다고 느낄 때가 있다. 텔레비전에서 '사전' 뜻풀이 그대로를 판단 기준으로 삼거나 공인된 주요 시험에서 사전의 등재 여부나 사전 기술의 내용만으로 정답 여부를 판별하는 것을 보면, 우리나라에서 사전의 권위는 다소 과하다는 느낌도 든다. 우리는 사전을 대할 때 사전 역시 사전학자들의 주관적인 편찬 철학이 들어가 있고, 편찬자에 따라 일관성이 없거나 부족한 기술도 상당히 있다는 것을 염두에 둘 필요가 있다. 또 공인된 사전의 경우, 신어의 등재와 뜻풀이의 수정에 시간이 많이 걸리므로 현실 언어를 반영하지 못한다는 것도 고려해야 한다. 이론적으로는 모국어화자의 언어지식을 모두 보여 주는 것이 이상적인 사전일 것이지만, 이상적 사전은 어디까지나 지향할 수 있는 것일 뿐 현실적으로 완벽한 사전은 존재할 수 없다.

일반적으로 사전은 함축적인 의미는 담지 못하는 경우가 많다. 며칠 전 외국인 대학원생이 찾아와서 논문 상담을 하던 중 "선행연구를 답습하려고 찾아봤는데, 찾지를 못했어요."라고 말했다. 이때 '답습'의 표현은 문법적으로나 의미적으로 전혀 문제가 없지만 자연스럽지는 않다.

이때 '답습'이 왜 어색하게 느껴지는 것일까? 국어사전에서는 '답습'을 "예로부터 해 오던 방식이나 수법을 좇아 그대로 행함"이라고 중립적으로 뜻풀이하고 있지만, 실제 '답습'은 주로 "'관행'이나 '실수'를 답습하거나 '적폐'를 답습하"는 등의 부정적 맥락에서 쓰이는 경우가 대부분이다. 따라서 '답습'한다는 것은 이전의 낡고 극복되어야 할 것을 무비판적으로 받아들인다는 의미가 되므로 우리는 현실에서 되도록 '답습'은 하지 않는 것이 바람직하다. 이 외에도 '공공연히'는 사전에서 아주 중립적인 의미로 뜻풀이되어 있지만, 상당 부분 "음란물을 공공연히 배포하거나, 공공연히 공무원들에게 골프 접대를 하거나, 공공연히 다른 사람을 비난하는" 등 매우 부정적인 맥락에서만 사용된다. 따라서 '공공연히'를 "공공연히 우리를 칭찬하는 것을 알고 기뻤다."와 같이 긍정적 의미로 쓴 문장은 문법적으로 틀린 것은 아니지만 어색한 문장이다.

한편 최근 정치면에서 자주 등장하는 '선거 프레임, 적폐 프레임' 등의 '프레임'은 다른 이유로 사전에 등재되어 있지 않다. '침대 프레임, 자동차 프레임'과 같이 구체적인 '틀'을 의미하는 프레임이 2001년 어느 신문에서 '군사 보복주의 프레임'으로 최초로 쓰인 바 있으나, 본격적으로 정치적 의도나 관점을 나타내는 의미로 쓰인 것은 비교적 최근의 일이다. 필자의 연구에 의하면 이러한 프레임은 주로 2007년, 2012년, 2017년에 높은 빈도로 나타났는데 모두 대선이 있었던 해와 일치한다는 점이 흥미롭다. 한편 이때의 '프레임' 역시 "프레임에 갇히거나 말려들거나" 또는 "프레임을 씌우는" 등으로 쓰여 주로 부정적인 평가를 나타내는데, 이러한 함축적인 의미도 현재의 사전에서는 기술되기 어렵다. 이 외에도 '인생 사진, 인생 바지'에서의 '인생', '뒤끝 작렬', '허세 작렬'에서의 '작렬' 등도 최근에 등장한 새로운 의미로 사전에는 기술되어 있지 않다.

어떤 표현이나 특정 표현의 의미가 사전에 없다고 현실 언어에 존재하지 않는 것이 아니다. 규범적으로 바른 언어를 쓰고 규범을 바로 담는 사전도 중요하지만, 현실 언어를 효과적으로 잘 담는 사전의 편찬도 중요하다. 사전과 언어 자체에 대한 국민적 인식이 성숙해야 그러한 사전의 편찬이 더 빨리 이루어질 것이다.

남길임_2020. 2. 20.

코로나가 탄생시킨 신조어, 동학 개미

최근 코로나 이후 탄생한 신어 "동학 개미", "동학 개미 운동"은 신어를 만들어 내는 대중의 언어 감각에 다시 한번 감탄하게 하는 용어들이다. 오늘 하루에도 수백 건의 경제면 헤드라인을 장식하고 있는 "동학 개미"는 코로나19로 인해 증시 폭락장에서 국내 주식을 사들여 국내 주가를 떠받쳐 온 개인 투자자를 의미한다. 누가 만든 용어인지는 알 수 없으나, 코로나 상황에서의 증시를 동학 혁명 당시의 상황을 빗댄 것은 직관적으로 선명하고 기발하다. 여기서 외국인 투자자들의 대규모 매도 상황에 대한 위협은 1860년대 서양 세력과 천주교 확산에 대한 위기감과 유사하고, 이러한 역사의 현장에서 개인 투자자인 "개미"와 동학의 "민중(농민)"의 주도적 역할 역시 공통점이 있다.

"동학 농민 운동"에서 착안한 "동학 개미 운동"은 개인 투자자들인 "개미"의 주식 대거 매입 흐름을 "농민"의 봉기와 같은 맥락으로 표현하고 있다. 이러한 유사 용어의 창조는 문학에서는 패러디, 언어학에서는 유추의 과정, 은유 등으로 논의되기도 하는데 이들은 신어의 관점에서도 흥미로운 존재들이다. 오래전부터 "개미"는 곤충뿐만 아니라 주식 시장에서의 개인 투자자를 함께 가리켜 왔고, 이미 『표준국어대사전』에도

"개미"는 곤충과 사람, 두 가지 의미로 존재한다. 이와 같이 기존 형태의 의미가 다른 개념으로도 확장되는 현상을 '의미 확장'이라고 하는데, 새로운 의미 부여를 시도하는 창의성 있는 언중 덕분에 언어는 늘 변화하고, 한국어와 사전은 더 풍부해지고, 언어생활은 더 효율적이고 흥미로워진다.

신어 연구자들은 "개미"와 같은 의미 확장을 "의미적 신어"라고 하기도 한다. 이때 의미적 신어는 "심쿵, 깜놀"과 같이 새로운 형태를 가리키는 일반적인 의미의 신어와 달리, 기존의 형태에 새로운 의미만 생기는 것을 가리킨다. 예를 들어 "추억 소환", "여심 저격" 등에서 "소환", "저격"은 의미적 신어이다. 추억을 "소환"할 때, 우리는 법정을 전제하지 않아도 되고, 법적 구속력도 없으며, 사람을 소환하는 것이 아니라 기억이나 추억을 소환하게 된다. "저격" 역시 마찬가지인데, 마음을 저격하는 일은 적어도 현재의 국어사전에서는 기술되어 있지 않다. "인생"이나 "폭풍"도 유사한 사례이다. "인생 드라마, 인생 바지"의 "인생"은 "전체 인생에서 최고로 꼽을 만한"이라는 의미를 가지는데 이는 사전에서 기술되지 않은 의미이다. "폭풍"은 "폭풍 주의보"나 "아열대성 폭풍"에서와 전혀 다른 맥락인 "폭풍 가창력, 폭풍 먹방, 폭풍 성장"과 같이 쓰이는데 이 역시 기후와는 전혀 상관없는 "대단한, 엄청난" 등의 의미를 나타낸다.

사전에 없는 이러한 의미들은 기존 언어 체계로는 표현할 수 없는 의미를 더 적확하게 나타내고 싶은 욕구, 좀 더 인상 깊은 언어 효과를 원하는 언중에 의해 창조되고 유포되어 상당 부분 정착한 사례들이다. 이러한 새로운 의미들은 언중의 선택에 따라 정착하기도 하고 사라지기도 하지만, 이를 사용한다고 해서 사전에 없는 의미를 사용한다고 언중을 나무랄 수 없다. 지금 사전에 있는 모든 어휘의 의미는 역사적으로 이러한 변화 과정 속에서 새로운 의미를 획득해 왔기 때문이다. 최근 AI 열풍으로 인공지능 스피커의 성능과 효용성에 대해 대중과 학계의 관심이 높다. AI는 이러한 말을 만들거나 이해할 수 있을까? 인간이 가진 언어에 대한 감각과 직관을 AI가 어느 정도 공유할 수 있을지 귀추가 주목되는 시점이다.

남길임_2020. 7. 9.

신조어를 통해 본 코로나 한국

언어는 변한다. 보통 언어의 변화를 논할 때, 신어의 출현과 수 세기에 걸친 언어의 역사적 변화를 떠올리기 마련이지만, 조금만 시각을 달리해 보면 매일 매 시각 웹상에 나타나는 언어의 동적 양상 역시 현대에 새로이 등장한 언어의 변화임을 알 수 있다. 네이버나 다음, 구글 등 포털의 언어 정보는 늘 사라졌다 나타나고 역동적으로 움직인다. 웹의 언어는 단 한 시간도 같은 모습을 유지하지 않기 때문에, 어제와 완벽히 동일한 검색 결과를 오늘 기대할 수 없다는 것은 누구나 아는 사실이다.

코로나는 현대인의 삶을 완전히 바꾸어 놓았다. 1년이 채 지나지 않았지만 웹상에서 매순간 업로드되고 사라지기를 반복하는 초기 코로나와 관련된 기록은 어떻게 분석될 수 있을까? 더 근본적으로 코로나 초기의 충격과 혼란, 코로나 시국에 생겨난 제도와 정책, 국민들의 태도와 평가는 언어에 어떻게 나타날까? 그 일면들을 살펴보기 위해 경북대학교 언어정보연구센터 연구진들은 코로나 초기의 언어 현상을 담은, 코로나 스냅숏 말뭉치(2019. 12.~2020. 10.)를 구축하고 이로부터 코로나 시대에 새로이 등장한 신어 300여 개를 수집하였다. 이 신어들 속에는 2019년 12월 '우한폐렴'으로 처음 등장하기 시작한 코로나 사태가 2020년 2월

'코로나19', '우한코로나', '코비드19' 등을 거쳐 '신종코로나바이러스감염증' 등의 용어로 정착되는 과정이 나타나고, '코로나맥주바이러스', '맥주바이러스' 등은 한동안 쓰이다 사라졌다. 또 코로나 확산 추이에 따라 '코로나 시대', '코로나 쇼크', '포스트 코로나', '위드 코로나' 등의 자취를 살펴볼 수 있는데, 5월 이후에 출현한 '위드 코로나'의 빈도는 우상향 곡선을 그으며 안정적인 출현을 보인다. 이러한 추이는 코로나의 시작 시점에는 사태를 충격적으로 받아들이고 종식 이후의 상황을 기대했지만, 점차로 예상보다 장기화된 코로나 상황을 받아들이고 공존하는 방안을 모색하는 상태를 보여 준다.

코로나의 상징인 마스크와 관련한 신어는 형태나 빈도의 측면에서 단연 우세하다. 새로 출현한 '마스크' 관련 신어는 무려 26개로, 출현 시기에 따라 대표적 예만을 나열해도 코로나 시대 마스크의 역사가 요약된다. '금스크, 공적 마스크, 마스크 5부제, 비말 차단용 마스크, 마스크 프루프, 턱스크, 호모마스크쿠스'. 초기 '마코인(마스크+비트코인)'이 출현했다 사라졌을 정도로 귀했던 마스크는 공적 마스크 정책으로 안정되었고, 코로나 장기화로 생활필수품으로 자리잡았다. 9월 3일 최초 출현한 '호모마스크쿠스'는 마스크 착용이 생활화된 인류의 삶을 보여 준다.

'상상 코로나, 코로나 블루, 코로나 우울증, 코로나 피로도, 코로나 앵그리'는 코로나와 관련한 불안과 우울, 절망감과 분노의 감정을 나타내며, '코로나 블랙, 코로나 레드', '멘탈데믹, 불안케어' 등으로 이어진다. 비교적 초기에 등장했던 코로나 전쟁(1월), 코로나 보릿고개(2월), 조용한 코로나(4월) 등이 여전히 고빈도로 사용되고 있음은 이 시대 코로나의 겨울을 여전히 불안하게 만든다.

초기 코로나 신조어가 코로나의 발생과 지속 추이에 따른 신어의 생성과 변화를 보여 준다면, 11월 이후 코로나 종식까지 후기 코로나 신조어 역시 코로나의 소멸 시점에 발생하는 사회의 변화와 가치, 제도를 보여 줄 것이다. 코로나 사태의 변화에 따라 코로나 신어는 계속되고 생산되고 사라지고 움직이고 있다. 코로나의 터널을 속히 지나 곧 코로나 종료 신어를 마주치게 될 날을 기대해 본다.

남길임_2020. 12. 3.

코로나 신어에 나타난 '복지'의 의미

지나친 비약일지 모르겠지만 인간 언어의 역사는 신어의 역사라고도 할 수 있다. 아주 오래전 인류의 의사소통이 시작된 이후, 새로운 형태건 새로운 의미건 의사소통은 일종의 신어를 통해 시작되고 확장되었을 것이고, 이러한 어휘와 표현들이 지속적으로 사용되면서 언어의 체계를 형성해 왔다. 따라서 특정 시기의 어휘집이나 사전 등을 살펴보는 것은 당시의 역사나 당대의 시대적 가치, 제도 등을 살펴보는 데 매우 도움이 된다.

어떤 학자는 개화기 때 생겨난 신어로 '양철, 양은, 양장, 양복, 양옥, 양배추, 양산' 등을 들고 있는데, '양-'이라는 접두사가 붙은 이 말들은 모두 일본에서 들어온 신어이다. 유사한 시점에 생겨난 신어 중에는 '불고기, 구두닦이, 신문팔이' 등도 있는데, 이 중에는 '신문팔이'처럼 현시점에서 잘 쓰이지 않는 부류도 있다. 우리가 동화 『성냥팔이 소녀』 밖에서 결코 '성냥팔이'를 만날 수 없는 것처럼, 종이 신문의 종말이 언급되는 현시점에 '신문팔이'를 찾는 것은 쉽지 않은 일이다. 이처럼 신어의 등장과 사멸은 시대의 변화와 가치를 보여 주는 거울과 같은 역할을 한다. 광복 전후로 생겨난 '신탁통치, 유엔, 친탁, 반탁, 연합군' 등도 시대상을 알 수 있게 하는 사례이며, 근대 초기에 출간된 『신어사전』(1946)에 등장하는 신어류 '계급, 노벨상, 크리스마스, 산문, 산문시, 근로계급, 만유인력, 호르몬' 등은 당시 새로이 전파된 사상이나 학문, 외래 문화 등의 자취를 엿볼 수 있게 한다.

어떤 어휘가 새로이 생겨나듯이 동일한 어휘에 새로운 의미가 덧붙거나 의미가 변화하는 현상도 잘 알려진 사실이다. 『훈민정음』의 "내 이를 어엿비 여겨"에 등장하는 '어엿브다'가 당시 '불쌍하다'는 의미였으나 현대로 와서 '예쁘다'의 의미로 바뀐 것, 영어에서 'gay'가 중세에는 '쾌활한(cheerful)', '즐거운(pleasant)'의 의미를 가졌지만 현대에는 전혀 다른 의미인 '동성애자, 동성애자의'의 의미로 바뀌었다는 것은 유명한 예이다.

코로나19의 충격이 예상보다 훨씬 길고 강력하게 인류 생활 전체에 영향을 미치고 있는 가운데, 코로나와 관련한 신어 역시 2020년 신어에서 차지하는 비중이 상당한 것으로 분석되었다. 경북대학교 언어정보연구센터의 조사에 따르면 작년 한 해 새로이 출현한 신어 중 코로나와 관련된 신어는 전체의 50% 이상을 차지한다. 그리고 특히 전문 분야 중 '복지' 분야의 신어가 57개로 가장 비중이 큰 것으로 분석되었다. 한국어 신어 조사 사업 전반을 통틀어 지금까지 신어의 전문 분야가 '복지'에 편중된 분포를 보인 사례는 거의 없었음을 고려할 때, 우리는 이들 신어를 통해 코로나 시대 '복지'의 의미를 다시금 생각해 볼 필요가 있다. '긴급 재난 지원금, 긴급 고용 안정 지원금, 재난 긴급 생활비, 긴급 돌봄 제도, 국민 재난 기금, 비상 생계 자금, 청년 긴급 수당' 등 이들 신어는 대부분이 '재난', '긴급', '비상', '생계' 등의 핵심어를 포함한다. 코로나19의 핵심적인 문제는 상당 부분 결국 '복지'의 문제로 귀결되는 것이다.

'복지'에 대한 사전적 정의는 '행복한 삶'이다. 하지만 코로나 신조어가 보여 주는 2020년의 한국어 스냅숏에 담긴 '복지'는 단순히 행복한 삶을 의미하지 않는다. 부채, 줄도산, 벼락거지 등 코로나의 여파가 불안감을 조성하는 가운데, 현시점의 '복지'는 '재난'에 대한 '긴급'한 대책이고, '비상' 시국의 '생계'와 관련된다. 복지의 새로운 의미를 되새기게 하는 언어 현상이 아닐 수 없다. 하루빨리 코로나19가 종료되어 원래의 '복지'를 누리는 일상을 되찾기를 기원해 본다.

남길임_2021. 2. 11.

'대구 코로나' 유감

코로나 발병 초창기에 대구를 방문한 지인이 문득 "대구는 아직 코로나 청정 지역이지요?"라고 내게 물었다. 아직은 확진자가 소수인 시점이어서, "아, 그런가…."라고 싱겁게 대답했던 기억이 난다. 세상은 순식간에 변했다. 이름도 낯선 중국의 도시에서 최초로 발생한 감염병이 '코로나 청정 지역'까지 침범한 이후에 말이다. 감염병의 여파는 나름 평온하던 일상을 송두리째 흔들어 놓았다. 집안에는 온라인으로 구입한 식재료의 포장용기가 쌓여 간다.(온라인으로 계란과 우유를 주문할 수 있는지를 처음 알았다.) 집안에 마스크가 몇 개 남았는지 재고를 꾸준히 확인한다.(다행히 일주일 전에 약국에서 산 마스크가 남아 있다.) 학교 구내식당은 마스크를 끼지 않는 손님은 받지 않는다.(그래도 밥 먹을 때는 결국 벗을 수밖에.) 가족들이 외식을 언제 했는지 잘 기억이 나지 않는다.(양곱창이 먹고 싶다.)

인간은 본능적으로 감염병에 대한 공포를 느낀다. 감염병은 보이지도 만져지지도 않지만, 순식간에 다가와 목숨을 위협한다. 감염병 가운데에 가장 무서운 것은 '새로운 감염병'이다. 올겨울에 미국의 독감 사망자 수가 1만 6천 명을 넘었다는 보도가 들려오지만, 아무도 미국인을 입국

금지해야 한다고 주장하지 않는다. 독감 정도는 대한민국에도 이미 충분히 넘치니까. 보이지 않는 감염병은 언어를 매개로 구체화된다. 아침에 일어나면 긴장한 채, 확진자와 사망자 숫자를 확인하고 기침 에티켓과 발병 초기 증상을 숙지한다. 이름 대신 숫자로 구분되는 확진자들의 동선은 실시간 속보의 대상이 되고, 그들이 머물던 장소는 폐쇄된다. 확진자들의 숫자가 두 자리 숫자를 벗어나면서 숫자는 변별력을 잃어버린다. 31번 환자가 머물고 있던 장소는 뉴스 속보 대상이었지만, 수백 명에 달하는 확진자의 동선을 일일이 알릴 방도는 없다.

감염병에 대한 공포를 회피하는 고전적인 방법이 마녀사냥이다. 중세 유럽은 흑사병의 공포에 뒤덮였다. 이 '새로운 감염병'에 대한 치료방법은 오리무중이었고 사람들은 속절없이 죽어 갔다. 중세의 유럽에서는 공포를 분노로 치환하는 방식으로 공포의 긴장에서 벗어나고자 했다. 흑사병을 일으킨 자로 마녀를 지목하고 마녀를 화형에 처하는 식으로 질병의 소멸을 상징화하였다. 현대에서도 HIV 감염에 대한 공포가 동성애자에 대한 분리와 배격으로 이어진 예가 있다. 공포를 특정한 대상이나 집단에 떠넘기는 심리적인 회피를 통해 자기 위안을 얻는 셈이다. 조금 지겨운 격언이긴 하지만, 역사는 반복된다. 언론이나 온라인에서 떠도는 '대구 코로나' 혹은 '대구 폐렴'이라는 명칭은 마녀사냥의 역사가 현재진행형임을 깨닫게 한다.

2015년에 WHO는 병명에 지역, 사람, 동식물, 공동체 등을 배제할 것을 권고하였다. 새롭게 발생하는 감염병에 대한 부적절한 명명이 특정한 지역 공동체, 민족 공동체에 반감을 불러일으키거나 특정한 동물에 대한 불필요한 살처분으로 이어진다는 것이다. 따라서 새롭게 발견된 감염병의 이름은 '과학적으로 근거'가 있고 '사회적으로 수용 가능'한 것이어야 한다는 기준을 제시하였다. 물론 '대구 코로나'는 이 기준에 전혀 부합하지 않는다. 현재 대한민국을 뒤덮은 공포의 공식 명칭은 국내 기준으로 '코로나19'이다. 공포를 극복하는 방법은 도망치는 것이 아니라 그것을 직시하고 맞서는 것이다.

김진웅_2020. 2. 27.

코로나를 대하는 언어적 자세

2007년 영국 국민보건서비스(NHS, National Health Service) 암 정책 개혁 위원회에서는 관련 공문서에서 '(암과) 싸우다, 투쟁하다', '(암과의) 전투, 전쟁', '전략' 등의 전쟁 은유를 더 이상 사용하지 않기로 한 바 있다. 이미 굳어진 은유인 '암은 인류 최대의 적'과 같은 표현이 환자나 의료진 모두에게 도움이 되지 않는다는 이유에서였다. 암 환자와 의료 종사자들의 실제 사용 언어를 분석한 몇몇 연구에서 밝혀진 바로, 이러한 전쟁 은유는 환자와 암을 상호 '적'으로 간주하고, 암으로 사망한 환자는 전쟁에서 처절하게 싸우다 패배한 병사라는 부정적인 암시로 이어진다. 한편 전쟁 은유를 대체할 만한 긍정적인 은유은 여행 은유이다. '암 치료의 여정', '동반자, 가이드' 같은 여행 은유는 전쟁 은유를 대체할 만한 긍정적인 효과를 가진다. 이 은유에 따르면 암 이후의 '죽음'은 '동반자'와 함께하는 '여행의 끝'에서 맞이하는 평화로운 과정이 되며, 전쟁에서의 패배로 인한 죽음으로는 떠올릴 수 없는 삶의 마무리, 유종의 미와 같은 긍정적 의미를 가진다.

그러나 최근 몇몇 연구들에 따르면 전쟁 은유와 여행 은유가 각각 부정적이고 긍정적이라는 이분법은 옳지 않다. 전쟁 은유는 오히려 '긍정적인 전투 정신'을 강조하거나 환자의 결연한 의지를 표현하고 의료진과의 상호 연대감을 강조하는 맥락에서 긍정적인 효과를 발휘한다. 또 여행의 은유 역시 '스스로 통제할 수 없는 여행'이나 '빨리 마치고 싶은 고단한 여행'으로 비유될 때는 전혀 긍정적이지 않다. 이러한 일련의 연구들이 주목하는 것은 언어의 힘 또는 언어에 대한 섬세한 전략의 효과이다. 일상화된 언어 표현들은 피할 수 없는 '암'의 투병 과정들을 환자, 의료진, 간병인들이 각기 긍정적으로 극복하는 데에 힘을 주기도 하고 그 힘을 빼앗기도 한다.

최근 코로나 이후 나타난 코로나 신어와 코로나 관련 담론도 암에 대한 은유 못지않은 이슈를 생산 중이다. 한국의 경우 작년 코로나 발발 직후인 2020년 1월 '코로나 전쟁', '코로나 쇼크'라는 신어가 등장했고 이어 '코로나 정치', '코로나 특수' 등으로 이어졌다. 급기야 호모마스쿠스, 코로나사피엔스 등은 바야흐로 신인류의 시대라고 한 획을 긋는 표현들이다. 전쟁 은유는 국내외를 막론하고 물론 가장 지배적인 방식이다. 프랑스 마크롱 대통령은 지난 2020년 3월 TV 연설에서 코로나 시기의 긴급한 조치를 설명하는 과정에서 '전쟁'이라는 단어를 7번이나 사용했다. 보리스 존슨 영국 총리 역시 코로나 발발 초기부터 '전시 정부', '적을 무찌르고', '싸움에서 승리하는' 표현들을 써 왔다. 엊그제 보도된 국무총리의 백신과 방역 정책 관련 표현들도 그러하다. 이 글에서는 '코로나의 포위'라든지 '마스크와 방역 수칙'을 '갑옷'으로 '백신' 또는 '항체'를 '방패'로 표현함으로써 정부의 방역 및 백신 정책을 설득하고 있다. 은유는 복잡하고 낯선 것을 단순하고 익숙한 것으로 대체하는 설명력을 가진다.

코로나 시대의 언어, 무엇이 문제일까? 코로나는 여전히 전쟁으로, 또는 병 밖으로 빠져나온 지니(악령), 위드 코로나의 여정으로도 표현되고 있다. 언어학적인 관점에서 특정한 은유나 프레임이 좋다거나 나쁘다고 말하는 것이 항상 옳지는 않다. 긍정과 부정의 판단은 시대나 공간, 매체에 따라 늘 가변적이다. 코로나를 대하는 언어적 자세에서 중요한 것은 어려운 시기에 서로 힘을 줄 수 있는 연대감, 동료애나 공감, 단결을 이끌어 낼 수 있는 언어의 힘이다. 언어적 섬세함과 예민함이 어느 때보다 필요한 시기이다.

남길임_2021. 12. 16.

아저씨를 위한 '개' 사용설명서

강의실을 벗어나는 순간 학생들의 언어는 공적인 영역에서 사적인 영역으로 이동한다. 복도를 걷다 보면 자연스레 학생들이 나누는 이야기를 듣게 된다. 지난 학기에 우연히 들은 학생들의 대화는 다음과 같았다.

"너 대학원 갔다며?"
"응."
"너 그 이야기 아나? 소년이 잘못하면 소년원에 가고, 대학생이 잘못하면 대학원에 간다고."

이 대화를 들으며 슬며시 웃음 짓다가 문득 '그렇다면 대학원생들을 지도하는 나는 교도관인 셈인가'라는 생각이 들었다. 학생들의 진짜 속마음이 친구들 간의 대화에서 드러나듯이 그들의 진짜 언어는 강의실보다는 복도에 존재한다. 학생들이 복도에서 나누는 잡담을 대부분 흘려듣게 마련이지만 지난 몇 해 동안 반복적으로 들리는 특이한 표현은 필자의 귀를 쫑긋하게 만들었다.

"나, 그 영화 개 좋아."

"정말 개 부럽더라."

아, 이 '개'는 정녕 무엇이란 말이냐? 국어학 연구자로서 나름대로 정리한 몇 가지 분석은 다음과 같다. 일단 '개'는 기존의 국어 문법을 벗어나는 신조어이다. '개'를 명사(포유류에 속하는 동물)로 분석할 수도 접두사(명사 앞에 붙어 '정도가 심한'의 뜻을 더하는 말. 예: 개망신)로 분석할 수도 없다. 굳이 품사를 따지자면 부사에 가까우며, 의미적으로는 '정말'이나 '너무'를 대체하는 표현으로 사용되고 있다. 꼬리를 무는 생각이 이어지던 중에 문득 떠오른 표현은 '왕'이었다. "나, 그 영화 왕 좋아."라든가 "정말 왕 부럽더라." 라는 표현이 폭발적으로 사용되던 한 시절이 있었다. 90년대에 주병진 씨와 노사연 씨가 진행하던 라디오 프로그램에서 '왕'을 포함한 여러 가지 표현들을 처음 들었던 기억이 떠오른다. 이것은 재미있는 연구주제가 아니겠는가?

필자에게는 매우 실망스럽게도 부지런한 국어학자들은 이 흥미로운 주제를 그냥 놓아두지 않았다. 그들은 필자가 아이디어 수준에서 고민했던 여러 문제들을 이미 완성된 학술논문에서 심도 있게 다루고 있었다. 여러 가지 논쟁적인 주제들이 '개'와 관련해서 다루어졌으나 필자가 주목한 내용은 다음과 같다. 명사나 어근, 접사 등을 부사와 유사하게 사용하는 현상은 전혀 새로운 것이 아니다. '왕', '짱', '개', '핵', '초', '완전' 등의 다양한 신조어들이 유사한 맥락('정말'이나 '너무'로 대체가 가능한)에서 사용되었거나 사용되고 있다. '개' 자체는 새로운 표현임이 분명하나 이를 만들어 내는 방식은 과거에도 존재했다는 것이다.

그렇다면 부사적으로 쓰이는 '개'는 사전에 등재될 정도로 한국어에 완전히 안착할 수 있을까? 미래를 예측하는 일은 쉽지 않은 일이지만, 필자의 입장은 부정적이다. 학술적으로 '개'라는 표현은 2009년에 청소년들의 언어 실태를 조사하는 과정에서 최초로 보고된다. 이 표현이 사회 전반에 확산되는 과정에서는 컴퓨터상의 언어 사용, 즉 통신 언어의 영향이 컸으리라 짐작이 된다. 컴퓨터상의 의사소통 과정에서 '너무'나 '정말' 대신에 '개'를 사용하는 이유는 비교적 명확하다. '나'의 감정을 강조하고자 하는 욕구, '나'의 감정을 차별화하고자 하는 욕구를 만족시키는 표현이 바로 '개'인 것이다. 필자 같은 아저씨가 "개 심심해."라고 중얼거리는 순간에 청소년들은 이를 대체할 새로운 신조어를 개발해 낼 것이다.

김진웅_2019. 10. 10.

꿀벌의 언어와 인간예외주의

동물들도 언어를 사용하는가? 이 질문은 아마도 인류의 역사만큼이나 오래된 것일지도 모른다. 근대 이전에 신과 교감할 수 있는 유일한 존재로 스스로를 자리매김하던 인간은 근대 이후에는 이성의 힘으로 세계를 이해할 수 있는 유일한 존재로 스스로를 규정했다. 인간이 신과 소통하는 수단도, 이성적 사고를 수행하는 수단도 모두 언어이다. 인간만이 언어를 통해 계약을 맺으며 그것을 바탕으로 사회를 이룰 수 있었다. 아리스토텔레스가 일찍이 갈파한 이야기다.

철학자들은 언어를 인간의 고유의 특성으로 간주하였으나 현대의 동물행동학 연구는 다른 가능성을 제시한다. 동물의 언어를 언급할 때에 단골로 등장하는 꿀벌의 이야기는 매우 흥미롭다. 카를 폰 프리슈가 밝힌 꿀벌의 언어는 대략 다음과 같다. 꿀벌들 가운데에는 정찰을 맡은 벌들이 있다. 이들은 주변에서 꿀을 얻을 수 있는 밀원을 발견하면 벌집으로 돌아와 동료들에게 알리는 역할을 맡는다. 그렇다면 밀원이 있는 장소를 어떻게 전달할 것인가? 이때에 등장하는 것이 바로 춤언어이다. 꿀벌의 춤은 기본적으로 두 가지 형태로 구분할 수 있다. 밀원이 50미터 이내의 가까운 곳에 있는 경우에는 원을 그리는 춤을 춘다. 이때 원을 그리는 방향을 한 번씩 전환을 하며 방향에 대한 정보는 전달하지 않는다. 밀원이 50미터를 벗어나는 경우에는 8자 모양을 만드는 춤을 춘다. 8자 춤을 출 때에 가장 중요한 정보는 8자의 두 원이 만나는 가운데 직선 부분이다. 정찰벌은 밀원을 발견했을 때 밀원과 태양 사이의 각도를 재서 돌아온다. 야외에서 태양의 방향을 기준으로 8자의 가운데 직선이 밀원의 방향을 가리키는 역할을 한다. 직선 구간에서 춤을 출 때에 꿀벌은 엉덩이를 흔드는 횟수로 밀원의 거리를 전달한다. 거리가 멀어질수록 움직이는 속도는 느려지고 엉덩이를 흔드는 횟수는 늘어난다.

꿀벌의 언어에도 방언이 존재한다. 앞서 언급한 꿀벌의 엉덩이춤에서 한 번의 움직임이 가리키는 거리가 지역적 차이에 따라서 달라진다. 예를 들어, 이집트의 꿀벌이 엉덩이를 한 번 흔들 때 지시하는 거리는 약 9미터이고, 이탈리아 꿀벌은 약 18미터, 독일 꿀벌은 약 36미터라고 한다. 이집트 꿀벌의 엉덩이춤은 독일 꿀벌의 춤보다 더 정교하게 거리를 전달할 수 있는 반면에 먼 거리의 정보를 전달하기에는 효율성이 떨어진다. 왜 이와 같은 차이가 일어났을까? 논란의 소지는 있으나, 각 지역마다 꿀을 채취하는 영역의 차이가 나기 때문에 이러한 현상이 나타났다는 설이 유력하다. 열대 지방에 가까운 이집트에는 밀원이 좀 더 풍부하기 때문에 멀리 비행을 하지 않아도 꿀을 발견할 가능성이 높다. 이에 따라 좀 더 짧은 거리를 정확히 계산하는 방식이 효율적이다. 한편 온대에 속하는 독일 지역에는 밀원이 부족하기 때문에 먼 지역까지 꿀을 채취하러 이동하는 경우가 빈번하다. 다소 부정확하더라도 먼 거리를 효율적으로 전달할 방언이 발달한 이유이다. 기후상으로 중간에 해당하는 이탈리아의 꿀벌이 중간 정도의 거리를 한 번의 동작으로 지시하는 것도 이 가설을 뒷받침한다.

인간예외주의는 인간을 다른 동물들과 분리된 별개의 존재로 이해하는 사고방식이다. 동물은 영혼이 없는 기계와 같다는 데카르트의 선언이 잔혹한 동물실험의 근거로 이용되었듯이 인간예외주의는 인간이 동물을 다루는 방식에 윤리적 방패로 작동한다. 인간예외주의의 가장 중요한 근거가 바로 언어였다. 인간의 언어만이 가지고 있는 특성을 근거로 인간과 동물을 구별한 것이다. 인간 언어를 구분하는 중요한 특징 가운데 하나가 말하는 현장에서 벗어난 내용을 전달할 수 있다는 점이다. 하지만 꿀벌 역시 멀리 떨어진 꿀이 있는 장소를 언어로 전달할 줄 안다. 또한 각 지역의 특성에 맞는 방언을 제각각 발전시켜 왔다. 인간의 언어가 가장 정교하게 발전된 의사소통체계임은 분명하다. 단 인간의 언어 역시 여타 동물들에게 이미 존재하던 의사소통체계로부터 점진적으로 진화했을 가능성을 열어 둘 필요가 있다.

김진웅_2019. 12. 19.

이것은 이모티콘인가, 이모지인가?

바야흐로 비대면의 시절이다. 온라인 강의를 처음 준비하느라 익혀야 했던 새로운 시스템에 슬슬 익숙해지는 와중에 봄 학기 전체를 온라인 수업으로 진행하기로 결정했다는 소식이 들려왔다. 어느 정도는 예견된 일이기는 하지만 강의실 문턱도 넘어 보지 못하고 한 학기를 보내야 하는 20학번 신입생들을 생각하면 마음이 시리다. 다시는 돌아오지 않을 신입생의 찬란한 봄날은 이제 서서히 스러져 가고 있다. 날씨가 풀리면 매 주말마다 진행되던 각종 학술대회도 온라인상에서 발표를 하고 댓글을 다는 방식으로 진행되고 있다. 일주일이면 몇 차례씩 꼬박꼬박 들어가야 하는 회의도 화상회의 시스템이나 메신저로 진행되는 것이 대세이다. 메신저로 의사소통을 하는 일은 꽤나 번거로운 일이다. 특히 여러 사람과 동시에 회의를 진행하는 경우에는 더욱 그러하다. 안건을 처리하느라 수많은 대화들이 오가는 가운데에 절대 빠질 수 없는 과정이 있다. 바로 이모티콘(emoticon), 혹은 이모지(emoji)를 주고받는 일이다.

어제도 카카오페이로 '신상 이모티콘'을 구입한 당신도 '이모지'가 무엇인지 갸우뚱할지도 모르겠다. 펭수를 비롯한 여러 캐릭터가 다양한 표정을 짓기도 하고 때로는 춤을 추기도 하는, 앙증맞은 '이모티콘'은 엄밀하게 이야기하자면 '이모지'이다. 즉 이모티콘과 이모지는 거의 유사한 존재이나 나름의 뚜렷한 차이가 존재한다. 영어권에서 이미 단어로 안착한 '이모지'는 원래 일본어에서 기원한다. 대략의 뜻은 '그림으로 만든 글자'라는 의미이다. 이모티콘이 컴퓨터 자판의 문자나 기호, 숫자 등의 조합으로 사람의 표정을 흉내 내는 것이라면 이모지는 원하는 표정을 하나의 이미지로 형상화해 둔 것이라고 구분할 수 있겠다. 1990년대에 일본에서 최초로 개발된 이모지는 현재의 모습처럼 캐릭터가 전면에 등장하는 방식이 아니라 키보드로 입력 가능한 이모티콘을 한 번에 입력하기에 편하도록 프로그램해 둔 것이었다고 한다.

그렇다면 최초로 이모티콘을 발명한 사람은 누구였을까? 미국 카네기 멜론 대학 컴퓨터과학과의 팔먼 교수가 최초로 컴퓨터상에서 이모티콘을 사용한 사람이라고 알려져 있다. 그는 1982년 9월 19일 아침 교내 게시판에 웃는 얼굴(:-))을 표시한 이모티콘을 게시하며 이 새로운 기호에 대한 주석을 달았다.(아는 체하는 일은 학자들의 직업병이다.) 팔먼 교수가 이모티콘을 개발한 이유는 게시글들 가운데에 진지한 제안과 쓸모가 적은 농담을 구분할 필요가 있다고 느꼈기 때문이다. 그는 '웃는 얼굴'의 이모티콘을 게시글의 내용이 농담이거나 심각한 내용이 아니란 점을 밝힐 때에 사용해 달라고 제안했고 그의 아이디어는 삽시간에 널리 퍼져 나갔다. 그는 한 언론과의 인터뷰에서 이모티콘을 이모지로 자동변환시키는 프로그램에 대해 불평하며 자신이 이모지를 좋아하지 않는다는 사실을 밝혀 화제를 불러일으키기도 했다.

이모티콘이면 어떠하고 이모지면 어떠하랴? 무미건조한 문자의 나열

가운데에 간간이 자리를 차지하고 있는 사람의 얼굴을 흉내 낸 기호들은 비대면의 시절에 우리의 얼굴이 되어 준다. 나를 대신해서 웃고 울고, 때로는 찡그리기도 하며 내 안의 감정을 열심히 타인에게 전달한다. 이모티콘 혹은 이모지가 우리가 지켜 내야 할 정서적 연대를 지켜 주고 있는 건 아닌지…. 다만 너무 비싸진 않았으면 좋겠다. 사장님 나빠요. ^^;;

김진웅 _ 2020. 5. 7.

'좀비 학기'의 명과 암

필자는 올해 1학기를 '좀비 학기'라고 이름 붙였다. 죽은 것도 아니요, 산 것도 아닌 좀비처럼 한 학기가 지나가 버렸기 때문이다. 필자가 좀비를 떠올린 이유를 굳이 몇 가지 댄다면 다음과 같다. 전형적인 좀비 영화의 설정에서 인간이 좀비로 변하는 원인은 바이러스다. 지난 학기에 벌어진 모든 사건들의 원인은 인간에게 최초로 침투한 바이러스로부터 기인한다. 한 학기 동안 필자가 근무하는 건물은 철저한 통제 아래에 텅텅 비어 있었다. 좀비가 지배하는 도시가 적막에 휩싸여 있는 상황과 유사하다. 교수와 학생들이 야간에 활동하는 시간이 부쩍 늘었다. 교수들은 처음으로 경험하는 온라인 수업 준비에 깊은 밤까지 잠을 청할 수 없었고, 학교에서 벗어난 학생들은 생활리듬이 깨져 언제든 수강이 가능한 온라인 수업을 새벽 시간에 듣는 일이 다반사였다. 낮에는 무덤에서 잠을 자다가 밤이 되면 활동을 시작한다는 초창기 좀비 영화의 문법이 영락없이 적용된다.

지난 '좀비 학기'에 필자의 소속 대학을 비롯한 대한민국의 교육기관들은 완전히 새로운 길을 개척해야 했다. 감염의 위험 속에서 등교할 수 없는 학생들을 위해 온라인 강의는 선택이 아닌 필수의 과정이 되었고 초중고생의 등교가 결정된 이후에도 수업의 상당 부분은 비대면으로 진행이 되었다. 아마 죽음과 세금 이외에 그 누구도 피할 수 없는 것이 또 하나 있다면 시험이 아닐까? 한여름을 맞이하고서야 한 학기가 마무리되어 가고 있는 현시점에 학생들의 평가 결과가 속속 윤곽을 드러낸다.

필자 역시 한 학기를 마무리하며 학생들의 성적을 평가하는 시간을 마주하였다. 필자가 속한 대학은 중간고사를 생략하고 기말고사는 대면 시험 원칙으로 진행했다. 시험에 참여하는 학생들 사이에 사회적 거리를 확보하기 위해 강의실 의자를 재배치하고 입실하는 학생들의 체온을 확인하는 시스템을 구축하는 등 준비할 일이 많았다. 드디어 한 학기의 마지막 시간, 기말고사를 보러 온 학생들과 마스크를 낀 채 얼굴을 마주하며 느낀 감정은 참으로 기묘했다. 그야말로 만나자 이별이 아닌가. 기말고사를 무사히 마친 후, 학생들의 보고서와 시험지를 살피며 안도감과 당혹감이 혼재된 감정을 느낄 수밖에 없었다. 우선 예상보다 상위권에 해당하는 학생들의 숫자가 많다는 점은 긍정적이었다. “온라인 수업이라는 한계 때문에 강의 내용이 충분히 전달될 수 있을까?”라는 의구심이 어느 정도 해소되었다. 그런데 일부 학생들이 낸 백지에 가까운 답안들을 보며 가슴이 덜컹 내려앉았다. 아, 온라인 수업 초창기에 우려되던 학력격차가 바로 이것이구나….

언론 보도에 따르면, 최근에 실시된 고등학교 중간고사에서 상위권 학생들은 예년의 성적을 유지한 반면, 중위권에 속하던 학생들의 성적은 하위권으로 떨어졌다고 한다. 상위권 학생들은 기본적으로 자기주도 학습능력을 갖추고 있다. 더군다나 사교육의 혜택을 받거나 부모의 지속적인 관리를 받는 경우가 많아 비대면 수업이 시행되어도 성적을 유지할 수 있었다는 것이다. 한편 취약 계층의 학생들은 대면 수업에서 교사와 학생들과 상호작용을 하며 학습에 도움을 받는 부분이 큰데, 비대면 수업에서는 수업 결손이 발생할 가능성이 매우 높다는 것이다. 실제 필자가 담당한 과목에서 가장 크게 성적이 하락한 것으로 판단되는 그룹은 외국인 학생들이다. 학습에 어려움을 겪는 이들에게 비대면 수업은 추가적인 부담이 되었으리라. 온라인 수업을 통해 대면 수업 못지않은 교육적 효과를 얻을 가능성이 충분히 엿보인다. 그러나 온라인 수업은 학생들 간의 학력 격차를 심화시키는 데에 일조할 수 있다. 이것이 필자가 '좀비 학기'를 마치며 확인한 온라인 수업의 희망과 한계이다.

김진웅_2020. 7. 16.

'내로남불'의 언어학

자랑할 만한 일인지는 모르겠으나, 최근 '내로남불(naeronambul)'이란 한국어 단어가 『뉴욕타임스』에 소개되어 화제가 된 적이 있다. 한국에서 지방선거가 실시된 4월 7일, 해당 일자에 『뉴욕타임즈』에 실린 기사를 직접 찾아보니, 함께 소개된 영어 뜻풀이 또한 매우 정확하다. "If they do it, it's a romance; if others do it, they call it an extramarital affair." 번역하면 '자신들이 하면 로맨스이고, 다른 사람들이 그렇게 하면 외도라 한다' 정도가 될 것이다. 언뜻 보면 사자성어인 듯하게 생긴 이 단어는 누구나 알 듯이, '내가 하면 로맨스 남이 하면 불륜'이라는 일종의 속담(?)을 구성하는 주요 단어의 앞 글자를 따서 만든 말이다. 한국어 사전에는 있을까? <우리말샘>을 찾으면, '내로남불'은 등재가 되어 있고, 뜻풀이도 "'내가 하면 로맨스, 남이 하면 불륜'이라는 뜻으로, 남이 할 때는 비난하던 행위를 자신이 할 때는 합리화하는 태도를 이르는 말."이라고 되어 있다.

실제로 '내로남불'은 2015년 처음 등장한 신어로, <2015년 신어>, 국립국어원 신어조사사업 결과보고서에 등재되어 있다. 대다수의 신어, 대략 70% 이상의 신어가 10년 이내로 사멸의 길을 걷는다는 통계 조사에도 불구하고, 불과 5년 전에 생긴 이 단어가 『뉴욕타임스』에까지 알려지게 된 데는 이 표현이 가지는 촌철살인의 함축과 상황적 보편성에 있다. '아하' 하고 무릎을 치게 만드는 만고불변의 진리라고나 할까?

대상을 조금만 바꾸어, '내로남불'이 아닌, '내가 하면 로맨스, 남이 하면 불륜'이라고 하는 표현으로 이동해 보자. 이상하게도 이 표현은 사전에 등재되어 있지 않은데, 아들 격인 '내로남불'이 등재된 것을 고려할 때 이상한 일이다. 아마도 이 표현이 단어가 아니라는 점, 비교적 현대에 등장한 다소 비속한 표현이라는 데에 이유가 있을지도 모르겠다. 실제로 사전에 모국어화자가 자주 사용하는 모든 단어와 표현을 찾아서 싣는 것은 쉬운 일이 아니다. 새로이 등장한 신어나 새로운 표현들은 적극적으로 조사하지 않으면 흔히 누락되기 마련이다.

'골키퍼 있다고 골 못 넣냐', '안 봐도 비디오', '버스 지나가고 손 흔든다' 등은 현재 국어사전에 등재되어 있지 않지만 한국인이 일상생활에서 흔히 쓰고 들어 봤음직한 유용한 표현들이다. 아마도 '골키퍼, 비디오, 버스' 등의 신문물이 들어온 이후 생긴 속담들이어서, 그 흔한 '발 없는 말이 천 리 간다', '말 한 마디로 천 냥 빚 갚는다' 등과 같은 유구한 역사를 가진 속담에 비해 사전에 등재되지 않았을 가능성이 높다. 더 이상 비디오를 보지 않고, 비디오가 무엇인지도 모르는 현 세대에게는 '안 봐도 넷플**', '안 봐도 유**'라는 표현이 나와야 할까? 언중들의 생활의 지혜와 표현의 미학을 담은 표현들 중에는 사전에 등재되지 않은 유용한 표현들이 많다. '김밥 옆구리 터지는 소리', '유전무죄 무전유죄', '팥 없는 찐빵', '좋은 게 좋은 거다' 등. '예로부터 민간에 전하여 오는 쉬운 격언이나 잠언'을 가리켜 '속담'이라고 하는데, 이들은 '현대 속담' 정도로 칭할 수 있을 듯하다. '유구한 역사'라고까지 평가할 수는 없으나 한국인의 생활의 지혜를 담은 이 표현들은 의사소통의 효율을 높이고 언어생활에 활기를 준다. 너무 진지하기만 한 사람이 재미없듯이, 너무 딱딱한 사전도 재미없다. 사전이 진지할 필요는 없다.

남길임_2021. 5. 6.

한시적 '내로남불' 사용 중지 제안

바야흐로 '내로남불'의 전성시대다. 기억력이 그리 좋은 편이 아니지만 이 기이한 단어와 처음 조우한 날을 비교적 생생히 기억한다. 6~7년 전에 한 강의실에서 인문계 학생들이 취업 과정에서 겪는 어려움에 대해 토론을 하던 중이었다. 한 학생이 "이게 일종의 내로남불인데요…." 라고 이야기를 시작하는 것이 아닌가? 나는 순간적으로 바보가 된 기분이었다. 분명히 한국말로 이야기하고 있는데 전혀 알아들을 수가 없었기 때문이다. 염치 불고하고 무슨 말을 한 것인지, 그 뜻은 무엇인지 물을 수밖에 없었고 학생의 친절한 설명 덕분에 궁금증은 해소되었다. 사실 "내가 하면 로맨스, 남이 하면 불륜"이라는 원래의 표현은 들어 본 적이 있었다. 다만 그것의 줄임말 '내로남불'이 존재하는 것을 몰랐을 뿐. 그때는 몰랐다, 내가 이 단어를 지금처럼 빈번하게 듣게 될 줄은.

'내로남불'과 같은 표현을 '현대판 사자성어'라든가 '짝퉁 사자성어' 라고 부르기도 한다. 그 형태가 고사성어라고 일컫기도 하는 사자성어와 일견 유사하기 때문이다. 물론 '내로남불'을 전통적인 의미의 사자성어에 포함시킬 수는 없다. 사자성어에는 몇 가지 공통점이 있다. 첫째, 네 글자의 한자어로 이루어져야 한다. 왜 네 글자일까? 중국의 사자성어를 연구한 한 학자의 주장에 의하면 사자성어의 연원은 『시경(詩經)』의 사언시(四言詩)에서 찾을 수 있다고 한다. 둘째, 두 개 이상의 단어가 결합하여 비합성적인 의미를 나타낸다. 다시 말하면, 사자성어를 이루는 한자의 의미를 합한 것 이외의 의미가 존재해야 한다는 것이다. '낭중지추(囊中之錐)'는 '주머니 속의 송곳'이라는 글자 그대로의 의미를 넘어서 '뛰어난 사람은 숨어 있어도 저절로 드러난다.'라는 별도의 뜻을 가진다. 셋째, 일반적으로 옛사람이 만들어 널리 인용되어 쓰이는 말이다. 사자성어는 그것이 만들어진 연원이 존재하며 시대를 뛰어넘어 반복적으로 인용된다. 많은 사자성어는 『사기』나 『한비자』와 같은 중국의 고전에서 유래한 것이다.

그렇다면 우리는 왜 이 근본 없는 사자성어와 깊게 사랑에 빠지게 된 것일까? 모든 현상에는 나름의 이유가 있다. 어떤 언어 표현들은 관습적으로 특정한 상황에서 반복적으로 사용된다. '친애하는 국민 여러분'이란 표현을 생각해 보자. 평상시에는 아무도 '너를 친애하고 싶어'라고 말하지 않지만 '친애하는 국민 여러분'이란 표현은 친숙하게 여긴다. 이 표현을 듣는 순간 수많은 군중 혹은 기자들이 둘러싼 단상 앞에서 연설을 하거나 성명을 발표하는 정치인의 모습이 떠오른다. '검은 머리가 파뿌리가 되도록'이란 표현은 어떠한가? 이 표현을 듣자마자 놋그릇에 담긴 갈비탕이 떠오르지 않으시는지? 그렇다면 '내로남불'은? 책상을 내리치며 호통을 치는 그 누군가의 모습이 떠오르지 않는가? 동일한 상황에서 특정한 표현을 반복적으로 사용하면 메시지의 해석을 용이하게 하고 메시지의 혼동을 예방하는 효과를 얻을 수 있다. '내로남불'은 상대방의 위선 그리고 이중 잣대에 대한 비난이라는 선명한 메시지를 전달한다.

혹자는 '내로남불'을 정치 전문용어라고 부른다. 특히 선거철을 맞이하여 사용 빈도는 점점 늘어만 가는 듯하다. 엉뚱한 상상을 한번 해 본다. 올해 3월 9일까지라도 '내로남불'을 금지어로 지정하면 어떨까? 선거에 관여하는 모든 사람이 '내로남불'이라는 단어를 사용하지 않기로 협약을 맺는 것이다. 아마도 지금보다 조금 더 생산적이고 미래 지향적인 선거전이 되지 않을까.

김진웅_2022. 1. 13.

'버억'이란 말을 아십니까?

모 대학의 교양 수업을 하던 중 있었던 일이다. 조별 토론 및 발표가 주가 되는 수업인지라 학생들에게 각 조의 개성을 드러내는 조 이름을 정하게 하였는데, 한 조의 이름에 유독 눈길이 갔다. '…버억'이라는 조 이름이 그것인데, 과목명에 '버억'이라는 생전 처음 보는 단어가 결합된 합성어였다. 나는 '버억'이라는 말의 뜻을 전혀 이해할 수 없어 학생들에게 물어보기도 하고 그것만으로는 의미를 완전히 파악할 수 없어 수업을 마치고 인터넷으로 '버억'을 검색해 보았다. '버억'은 사전에 등재된 단어가 아니기 때문에 정확한 뜻을 정의하기는 어렵지만, 대략 '냠냠'과 같이 음식을 맛있게 먹는 소리 또는 그 모양을 나타내는 말이라고 한다. 유명한 인터넷 방송 BJ가 처음 쓰기 시작하여 젊은 세대에게 인기를 끌며 SNS에서 최근 눈에 띄게 많이 쓰이는 신조어로, 그 쓰임이 점차 확대되어 음식을 먹는 경우뿐 아니라 다양한 상황에서 사용되는 것으로 보인다.

'버억'과 같이 인터넷 공간에서 이루어지는 의사소통에 쓰이는 언어를 '통신 언어'라고 지칭하는데, 어떠한 말들이 쓰이는지 통신 언어의 예를 좀 더 살펴보자. '버카충(버스 카드 충전)', '엄빠(엄마 아빠)', '꾸안꾸(꾸민 듯

안 꾸민 듯)'와 같은 예는 몇 개의 단어를 마치 한 단어처럼 짧게 줄여 쓴 것으로 통신 언어의 두드러지는 특징인 줄임말의 예이다. 심지어 모음은 생략하고 자음만으로 표현하는 경우도 흔히 쓰이는데, 'ㅇㅇ(응)', 'ㅇㅈ(인정)', 'ㅈㅅ(죄송)' 등이 있다. 이러한 예들은 메신저 또는 채팅 등 실시간 의사소통이 이루어지는 공간에서 좀 더 빠르고 간편하게 의미를 전달하고자 만들어진 통신 언어로 볼 수 있다. 글자 입력의 편의성을 위한 통신 언어뿐 아니라 좀 더 생동감 있고 재미있는 표현을 위한 통신 언어 또는 통신 언어 사용자 간 유대 강화를 위한 통신 언어 등 여러 동기에서 생성된 무수히 많은 통신 언어가 쓰이고 있다.

이러한 통신 언어의 사용에 대해 여러 논의들이 있어 왔는데, 통신 언어를 긍정적으로 바라보는 입장에서는 통신 언어가 자유롭고 창조적인 언어이며 표현의 다양성을 추구함으로써 한국어를 더욱 풍성하게 만든다고 본다. 또한 언어는 시대와 사회를 반영한다는 측면에서 새로운 통신 언어의 생성 및 사용은 자연스러운 현상이라고 설명한다. 반면 통신 언어를 부정적으로 바라보는 입장에서는 통신 언어가 언어 파괴의 주범이며 어문 규범에 혼란을 초래하고, 통신 언어 사용자와 비사용자 간의 의사소통 단절을 초래한다고 본다. 또 비대면성과 익명성을 특징으로 하는 통신 언어에서 비속어 사용, 언어폭력의 문제가 증가하고 있다고 지적한다.

생각해 볼 문제는 통신 언어가 이제는 '인터넷 공간에서 이루어지는 의사소통에 쓰이는 언어'를 넘어 일상생활 속에서도 흔히 사용된다는 것이다. 수업 시간에 학생들이 제출한 글을 읽어 보면 단어의 형태를 밝혀서 적지 않고 소리 나는 대로 쓰는 경우가 빈번하고 하나의 문장이 하나의 단어처럼 띄어쓰기가 전혀 이루어지지 않은 경우도 있다. 이는 통신 언어의 사용 습관이 자신도 모르게 공적인 글쓰기에서도 나타난 것으로 보이는데, 읽는 사람의 입장에서 가독성이 떨어지고 의미를 이해하는 데 어려움을 겪기도 한다. 또 수업 시간의 발표와 같은 공적인 말하기에서도 통신 언어의 사용 습관이 그대로 발현되어 비속어와 같은 부적절한 표현을 사용하는 경우를 적지 않게 본다. 이러한 모습은 통신 언어가 이미 일상 언어로 사용되고 있음을 보이는 것이다. 이제 우리는 어떻게 하면 통신 언어가 일상 언어의 혼란을 야기하지 않으면서 표현의 다양성, 창의성과 같은 통신 언어의 긍정적인 측면들을 우리의 언어생활에 활용할 수 있을지를 고민해야 한다.

김수정_2019. 6. 13.

"오케이, 부머."

"알겠어, 부머.(Okay, Boomer.)"

올해도 새로 생겨난 신어나 유행어가 상당히 많았겠지만 가장 인상 깊었던 말을 한 가지 꼽으라면 개인적으로 위 표현을 들 수 있겠다. 저 말이 본격적으로 사람들 사이에서 회자되기 시작한 것은 지난 11월 5일 뉴질랜드 국회에서 일어난 일이 각종 매체와 소셜 미디어를 통해 퍼지면서부터일 것이다. 문제의 사건은 밀레니얼 세대라고 할 수 있는 20대의 뉴질랜드 녹색당 소속 의원이 기후변화 문제에 대해 연설하던 중 자신에게 야유하는 베이비부머 세대의 의원에게 "오케이, 부머."라고 응수한 사건이다. 이 표현에서 '오케이'는 상대방의 말을 단순히 긍정하는 의미로 사용된 것이 아니라, '알겠으니 그쯤 하라'는 반어적 의미로 사용되었다. 최근에는 사용자 참여형 영어 사전인 <어반 딕셔너리(Urban Dictionary)>에 'Ok boomer'가 표제어로 등록되었으며, 사용자들의 가장 많은 지지를 받은 뜻풀이는 '베이비부머가 뭔가 멍청한 소리를 할 때, 수십 년 동안 지속된 무지와 오해를 들추어야 하기 때문에, 그 사람이 왜 틀렸는지를 설명조차 시도할 수 없어서, 그저 상대방의 말을 무시한 채로 응답하는 말.'이다. 결국 "오케이, 부머."는 소위 '꼰대질'이라고 불리는 기성세대들의 부정적 행동에 대한 젊은 세대들의 응답인 것이다. 한국 신세대식 표현으로는 "네, 다음 꼰대." 정도로 옮길 수 있겠다.

올해 한국에서 유행한 표현들 가운데 "라떼 이즈 호스.(Latte is horse.)"가 있다. 기성세대가 자신의 경험을 일반화하여 젊은 사람들에게 '교훈'을 주고자 할 때 상투적으로 사용하는 구문인 "나 때는 말이야."를 영어 표현을 이용하여 재치 있게 표현한 것이다. 이 표현은 "오케이, 부머."처럼 한국 사회에서 꼰대 문화를 비꼬는 말이다. 공통적으로 이 두 표현은 세대 간의 갈등이 2019년 현재 전세계적으로 뜨거운 이슈임을 보여 주는 언어 표현이라고 볼 수 있다.

해마다 '~ 세대' 류의 어휘가 새로운 말로 만들어진다. 국가적 차원에서 이루어진 신어 조사 자료에서 2000년대 초반부터 2018년까지의 신어들 중 '~ 세대' 류의 어휘들은 수집 당시 특정 연령층의 사람들이 가진 특성을 포괄적으로 표현하여 해당 시점의 사회적 분위기나 상황 등을 짐작하게 한다.

연도순으로 '~ 세대' 류의 어휘를 나열해 놓고 보면 2000년 초반에는 '1020 세대', '2030 세대'와 같이 단순한 연령으로 세대를 분류한 가치중립적 어휘가 많고 신세대 및 기성세대를 가리키는 어휘가 균형적으로 발견되는 데 반해, 2000년대 후반 및 2010년 이후부터는 '반퇴세대', '국정세대'를 제외하면 거의 신세대를 가리킨다는 특징을 찾을 수 있다. 특히, 과거의 신어들에는 신세대들을 새로운 것을 유연하게 받아들이고 새로운 환경에 적응을 잘하는 사람들로 규정하며 긍정적 의미를 내포한 것들이 많은 반면, '88만원 세대' 이후 신어는 신세대들을 좌절하고(좌절 세대), 삶에서 가치 있는 것들을 차례로 포기하며(5포/7포/n포 세대)

아무것에도 의미를 두지 않는(無mean 세대) 부정적 존재들로 표현한 경우가 많다. 결국 앞선 세대들에 비해 성공보다는 좌절을 더 흔하게 경험하면서 이미 더 많은 것들을 포기하고 한계에 내몰린 젊은이들은 기성세대들이 이야기하는 '나 때는 말이야'나 '노오력'을 더 이상 견딜 수 없다고 외치고 있는 것이다. 국외에서는 "오케이, 부머.", 국내에서는 "라떼 이즈 호스."라고.

학교에 있다 보니, 해마다 새로 만나는 후배들이나 학생들을 대할 때는 혹시 나도 '꼰대'처럼 말한 것은 아닐까 매 순간 조심스러워지곤 한다. 후배들이나 학생들의 행동이 이해되지 않을 때는 '그들의 입장에서는 그럴 수도 있지'라고 한번 더 생각해 보자고 스스로를 독려한다. 기성세대든 신세대든 '내가 옳고 너는 틀렸다'는 태도를 취한다면 결국 '꼰대', '젊꼰(젊은 꼰대)'이라는 평가를 피할 수 없을 것이기 때문이다.

이수진_2019. 12. 12.

슬기로운 문자 생활

'네, 넹, 넴, 넵, 넷, 네에, 네네, 네넹…'

오늘도 메신저 대화창을 열어 두고 상대방의 말에 응답하기 위한 말을 고르는 데 수분, 수 초를 생각한다. 그저 '네' 한 마디를 건네면 그만일 내용인데, '네'는 너무 건조한 것이 아닌가, '넹'은 너무 생각 없이 대답하는 느낌을 주지는 않을까, 적극적이고 활기찬 느낌을 주는 '넵'은 또 요즘 유행하는 '넵병'에 걸렸다고 상대방의 비아냥을 사지는 않을까, 찰나의 순간에 머릿속에는 오만 가지 생각이 스친다.

얼굴을 마주 보고 말을 건넬 수 있는 상황이라면 하지 않았을 고민인데, 문자로 생각을 전달할 때는 말 한마디 건넬 때마다 매 순간이 고민의 연속이다. 주변 사람들로부터 쓸데없는 고민이 많다는 핀잔을 자주 듣는 성격 탓이 크겠으나, 최근 자주 보이는 '넵병'이나 '넵무새'에 관한 기사들을 보면 비단 나 혼자만의 고민은 아닌 듯하다. '넵병은 일종의 감정노동인가'란 물음에 긍정으로 답한 비율이 54% 정도로 나타났다는 한 설문조사 결과를 통해서도 문자를 매개로 한 의사소통에서 감정까지 전달해야 하는 데 사람들이 느끼는 부담감이 어느 정도인지를 가늠할 수 있다.

구어와 문어로 사용역이 이분법적으로 구분되던 시기에는 각각의 상황에 맞게 말을 하면 됐겠으나, 온라인상에서는 음성언어에 최대한 가깝게 문자언어를 사용한다. 구어와 문어라는 구분이 모호해진 때가 온 것이다. 음성을 매개로 의사를 전달하는 구어 상황에서는 단어의 선택, 문장의 구성과 같은 언어적 표현 방법 외에도 표정, 제스처, 목소리의 높낮이 등 비언어적 표현 방법으로 우리의 생각과 감정을 전달할 수 있다. 미국의 심리학자 알버트 메러비안은 언어적 요소가 대화에 미치는 영향은 약 7%에 불과하다고 보고한 바 있다. 이는 구어 의사소통에서 비언어적 요소의 영향이 지대함을 시사한다. 그러나 문자를 매개로 한 의사소통에서는 비언어적 요소들을 활용할 수 없다. 메신저 대화창에서 상대방에게 '넵'을 보낼지 '네'를 보낼지 고민하는 것은 구어 상황에서는 전달할 수 있었던 '말맛'을 최대한 살리기 위한 노력의 일환이다. 규범적인 표기 형태를 일부러 바꿈으로써 면대면 의사소통 과정에서 활용할 수 있는 비언어적 요소를 대신해 미묘한 감정의 상태까지도 상대에게 전달하고자 하는 것이다.

실제로 필자가 그동안 여러 사람들과 주고받은 메신저 대화창을 열어 훑어보니 말맛을 살리기 위한 노력이 곳곳에서 보인다. 말끝마다 마침표 대신 붙이고 있는 두 개의 물결표(~~)나 안타까움이나 슬픔의 감정을 표현하는 'ㅠ', 'ㅜ' 모음자의 연속들, '뭐 하고 있노?', '오야~'와 같이 이 지역의 말투가 반영된 문장, '조심하자우', '안 나가고 있으니께잉'처럼 자신의 출신지가 아닌 정체불명의 방언형도 보인다. 다른 예로, 최근 살필 기회가 있었던 메신저 대화 데이터에 '좋다'가 포함된 어절은 360여 개의 다른 형태로 표현되었는데, 여기서 맞춤법에 맞게 형태를 수정하고 어절 뒤에 붙어 있는 기호들을 삭제하니 120여 개로 형태의 수가 줄어들었다. 규범적인 표기 형태를 쓸 때보다 3배 정도 더 다양한 방식으로 '좋다'를 표현한 것이다.

2020년의 봄, 코로나19의 영향으로 전례 없는 규모의 온라인 의사소통이 시작되었다. 화상회의 앱을 통해 구어 의사소통을 대신하기도 하지만, 문자를 통한 의사소통도 전에 없이 잦아졌다. 그 어느 때보다도 슬기로운 문자 생활을 통해 원만한 사회생활을 유지하며 전 세계적인 위기 상황을 극복해 나가야 할 때이다.

이수진_2020. 4. 30.

제3부

03 지켜 온 우리말글, 옛말과 방언

옷소매 한글 편지

역사 드라마는 재미있다. 배우들의 훌륭한 연기, 각본가의 흥미진진한 대본, 연출자의 짜임새 있는 편집 때문일 수도 있지만, 때로 역사적 사실 자체가 드라마보다도 더 '드라마틱'하기 때문일 것이다. 인기리에 방영을 마친 <옷소매 붉은 끝동>은 정조와 그의 후궁인 의빈성씨의 삶을 왕과 그에 딸린 후궁이 아니라 여자와 남자, 개인 대 개인의 관계로 풀어 나간 드라마이다. 그런데 필자처럼 역사 자료를 다루는 연구를 하는 사람들은 드라마 연출의 상상력에 감탄하면서도, 어쩔 수 없는 '직업병 덕분에' 화면 구석에 소품으로 놓여 있는 종이 한 장에 몰입을 방해받기도 한다. 그럼에도 불구하고 한글 소설인 『곽장양문록』을 필사한 의빈성씨와 원손 시절부터 한글 편지를 쓰던 정조의 이야기이기 때문에 한글을 읽고 쓰는 장면들이 자주 연출돼 더 흥미롭게 드라마를 볼 수 있었다.

18세기 말은 인구와 신분 구성의 변화로 보았을 때 사회·경제적 변화가 활발하게 일어났으며, 한글을 읽고 쓰는 사람들의 수도 상당히 증가하기 시작했을 것으로 추측되는 시기이다. 드라마에서도 글씨를 쓰거나 이야기를 만드는 능력을 통해 성덕임의 인물됨을 드러냈고, 미처 다 전하지 못한 마음은 편지의 형식으로 바뀌어 시청자들에게 울림을 주었다. 그러나 『조선일보』 1929년 5월 11일 기사(「생활개신과 상식보급(칠) 문자도 모르는 동포 일천오백만」)나 1948년 미군정 보고서를 참고하였을 때 20세기 초까지도 조선의 문해율은 20% 미만이었다고 볼 수 있다. 또 갑오개혁(1894년) 때 공문식(公文式: 공식 문서에 한글을 쓰게 한 칙령)이 제정·반포됨으로써 한글의 위상이 올라가긴 했지만, 당시 유학자들이 칙령 하나로 수백 년 동안 이어 온 생각을 버리고 갑자기 한글과 한자(또는 한문)를 비슷한 지위로 대우했다고 생각하기는 어렵다. 역사 자료를 활용해 연구를 진행할 때, 혹은 단순하게 역사적 사실에 대해서 언급할 때 가장 범하기 쉬운 오류가 현대의 관점으로 과거의 사실들을 재단(裁斷)하는 것이다. 예를 들어 15세기의 한글로 쓰인 '세종', '훈민정음'이 현재의 [세종], [훈민정음]처럼 소리 난 것은 아니다. 왜냐하면 15세기의 'ㅈ'과 현대의 'ㅈ'은 표기는 같지만 서로 다른 소리이기 때문이다.

다시, <옷소매 붉은 끝동>은 드라마로서의 완성도와 흥미로움을 차치하더라도, 우리 선조들이 한글을 읽고 쓰는 모습들을 매우 생동감 있게 잘 표현한 드라마라고 할 수 있다. 잘 알려져 있는 것처럼 한글은 배우기 쉽고 우리말을 '그대로' 쓸 수 있는 우리 문자이기 때문에 한문 교육을 받기 어려웠던 여성들에게는 문자로 자신의 사상과 감정을 표현할 수 있는 거의 유일한 수단이었다. 실제로 현재 남아 있는 한글 편지들도 수신자든 발신자든, 적어도 어느 한 쪽은 여성인 경우가 대부분이다. 따라서 정조가 의빈성씨에게 남긴 제문(祭文)을 애절한 편지로 바꾼 것이야 훌륭한 드라마적 상상력이라 할 수 있다. 하지만 문신이었던 홍덕로(홍국영)가 정조에게 마지막 유서를 한글 편지로 써서 남긴다는 것은 당시의 시대상을 고려하면 조금 의아할 수밖에 없는 연출이다.

물론 이 드라마에서 홍덕로의 마지막 편지는 내용 자체도 드라마에서 만든 허구의 이야기였고, 시청자들의 이해를 돕기 위해서는 한글 편지가 더 적절했을 수도 있다. 어쩌면 대부분의 시청자들은 그 장면에서 잠깐 보였던 편지가 한문 편지였는지 아니면 한글 편지였는지 기억조차 못할지도 모른다. 하지만 역사 콘텐츠를 만드는 사람들은 이런 사소한 것들까지 더 세심하게 살펴볼 필요가 있다 생각한다.

안주현_2022. 3. 17.

사라져 가는 말에 대한 단상

"야이, 문디야!"는 대구에서 아주 친한 친구를 오랜만에 만났을 때, 너무 반가워서 나누는 지역의 대표적 인사말이다. '문디'는 나환자의 경상도 사투리로, 위의 말을 표준말로 표현하면 "야이, 나환자야!"라고 할 수 있다. 이 사투리 인사말을 표준말로 따지면 엄청난 모욕처럼 들리는 표현이 된다. 그런데 우리 지역의 이상한 인사법은 주로 아주 친한 사이에 사용된 애정이 듬뿍 담긴 표현이다. 이 표현에는 '참으로 오랜만이다', '그동안 큰일 없이 잘 지냈냐?' 등과 같은 온갖 친근한 뜻이 내포되어 있다. 하늘이 내린 벌이라고 해서 천형이라고도 일컫는 문디(나환자)라는 부름말을 앞세워, 가장 애정 어린 표현으로 바꾼 경상도 식의 독특한 인사법이라고 할 수 있다. 그런데 요즘에는 이런 말을 하는 사람도 드물어서 이제는 추억이 되어 가고 있다.

'갱시기'란 추억의 음식이 있다. 대구·경북지방에서 갱시기가 탄생하게 된 동기는 자세히 알 수 없으나 전형적인 서민 음식임은 분명했다. 날씨는 쌀쌀하고, 딱히 찬거리도 마땅찮을 때, 먹다가 남은 식은 밥, 먹던 김치, 콩나물 외에도 먹다 남은 온갖 잡동사니 반찬 부스러기 등을 집어넣어, 뜨끈하게 끓여서 먹는 소위 잡탕 음식이다. 요즘으로 치면 제대로 된 음식은 아니다. 살기 어려웠던 시절 서민 집안에서 한끼를 때우던 음식이었다. 그런데 이 말도, 음식도 점점 추억이 되어 가고 있다. 그런 아쉬움이 있어서인지 이 추억의 음식을 판매하는 곳도 생겼다는 소문을 들었다.

우리 지역에서 추억이 될 말은 많이 있다. 선나(조금), 다부로(도로/도리어), 억수로(많이), 한거석(많이), 허들시리(너무나도), 천지삐까리(많다), 몽창시리(무척), 한발띠(많이), 대낄로(정말, 대박), 샜다(많다), 포시랍다(호강스럽다/까탈스럽다)…. 요즘 점점 사라져 가는 말들이다.

인류학자인 니컬러스 에번스는 자신의 저서 『아무도 모르는 사이에 죽다』에서 노인 한 사람이 죽으면 도서관 하나가 불타는 것과 같다고 했다. 그것은 한 사람이 사용하는 말에 그 사람이 겪어 온 생활과 환경, 역사와 문화가 녹아 있기 때문이다. 2010년 12월에 유네스코는 제주어를 소멸 위기 4단계인 '아주 심각하게 위기에 처한 언어'로 분류하면서 제주어의 소멸을 경고했다. 그런데 요즘 경상도말도 제주말에 못지않게 점점 사라짐을 절감하고 있다.

그러나 새 기운을 얻어서 많이 알려진 말도 있다. '단디(잘)'가 그 좋은 예이다. 경상도말 중에 메시지를 전하는 강도가 표준어보다 강한 경우가 있다면 이 말이 그에 해당된다. '단디'는 일단 소리에 힘이 들어간다. "정신을 바짝 차리고 잘 해라."라는 뜻으로 기를 불어넣는 말이라고 할 수 있다. 우리 지역의 은행에서 '단디카드'를 만들어서 유행시킨 적이 있다. 그래서인지 젊은 사람들도 이 말을 그리 낯설게 여기지 않는다. 사라질 수 있는 말도 언중들이 관심을 가지면 되살릴 수 있다는 가능성을 보인 증거이다.

2012년부터 2014년까지 사투리 상품 아이디어 공모전을 세 차례 개최한 적이 있다. 당시 언론에도 꽤 소개되면서 사투리에 대한 관심이 많이 높아졌다는 후일담을 들었다. 이후 광주 송정시장 입구에 '역서사소'라는 자그마한 상점이 생겼다고 한다. 이곳에서는 각 지역어를 이용한 상품을 만들어서 판매한다고 한다. 특히 젊은 사람들에게 인기가 있어서 사라져 가는 말들에게 소생의 희망을 줄 수 있을 것 같다. 앞으로 사라져 가는 말에 대한 아쉬움의 단상을 뛰어넘어 이를 소생시킬 방안을 찾아가는 희망의 단상이 될 수 있기를 기대한다.

김덕호_2020. 8. 27.

지금 이 순간에도 사라져 가는 언어

얼마 전 <말모이>라는 영화를 보았다. 작년 개봉된 영화이지만 개봉 당시에는 보지 못했는데, "국어를 가르치고 연구하는 사람이 <말모이> 영화를 보지 않은 것이 말이 되냐."라는 친구의 농담에 괜히 머쓱하여 최근에서야 보게 되었다. <말모이>는 일제강점기 민족 말살 정책으로 조선어 사용이 금지되었던 시대에 우리말 사전을 만들어 우리의 언어를 지키려 한 조선어학회의 이야기를 모티브로 한 영화이다. 영화를 보고 나니 친구가 내게 왜 그런 말을 했는지 이해할 수 있었다. 영화를 보면서 평소에는 잘 생각하지 못했던 우리말의 소중함을 새삼스레 느끼게 되었으니 말이다.

만약 그때 우리말을 지키려고 한 많은 분들의 노력이 없었다면 지금 우리가 쓰고 있는 우리의 언어는 없을지도 모르겠다. 그런데 지금 이 순간에도 세계의 많은 언어가 소멸 위기에 처해 있다. 전 세계 7,000여 개의 언어 중 2주에 한 개꼴로 언어가 소멸되고 있다는 것이다. 이대로 가면 백 년 안에 현존 언어의 절반이 사라질지도 모른다는 우려스러운 전망이 나온다.

이러한 언어의 소멸은 인류 문화유산의 소실이기에 유네스코는 2월

21일을 '세계 모어의 날(International Mother Language Day)'로 지정하여 언어 다양성 보존과 모어 기반 다언어 교육의 필요성을 알리고 있다. '세계 모어의 날'의 제정 배경을 보면, 방글라데시에서 벵골의 학생들이 1952년 2월 21일 당시 파키스탄 자치령 정부가 우르두어를 강요한 것에 시위를 벌이다 여러 목숨이 희생된 것을 기리고자 이날을 언어 순교자의 날로 기념하고 있는데, 1999년에 유네스코가 이날을 세계 모어의 날로 선포하고 매년 기념하고 있다고 한다.(유네스코 한국 위원회)

언어의 소멸이 남의 나라 얘기라고만 생각한다면 오산이다. 제주 방언은 2010년 유네스코의 소멸 위기 언어 5단계 중 4단계인 '아주 심각한 위기에 처한 언어(critically endangered language)'로 분류되었다. 언어의 소멸 위기 정도를 판단하는 핵심 요소는 '언어의 세대 간 전달'인데, 4단계는 노령인구만이 언어를 부분적이고 드물게 사용하는 경우에 해당한다.(유네스코 한국 위원회) 제주도의 젊은 세대는 일상생활에서 제주어를 사용하지 않는다는 것이다. 이대로 제주어를 사용하는 노령인구가 점차 줄어들고 제주어가 젊은 세대에게 전달되지 못한다면, 제주어는 5단계인 '소멸한 언어(extinct language)'가 될지도 모른다.

제주어는 몇몇 사람들만 사용하는 언어이므로 사라져도 괜찮은 걸까? 언어 사용자의 수가 적고 세력이 크지 않은 언어는 무가치한 것일까? 언어가 사라진다는 것은 그 언어를 사용하는 사람들의 정체성, 역사, 삶의 지혜, 문화가 동시에 사라지는 것이다. 이러한 인식을 바탕으로 세계 곳곳에서 인류의 소중한 문화유산을 담고 있는 언어가 사라지는 것을 막기 위한 많은 노력들이 이루어지고 있다. 제주어의 경우를 보면 제주특별자치도는 「제주어 보전 및 육성 조례」를 제정하고 '제주어 발전 기본계획'을 수립하여 제주어의 위상 강화를 위한 문화 환경 조성, 제주어 보전을 위한 교육과 연구체계 수립, 제주어의 정보화와 대중화를 위한 기반 강화를 위해 여러 시책을 추진하고 있다. 이러한 노력들이 실효성을 거두기 위해서는 우리 모두가 언어 다양성 보존의 가치를 인식하고 사라져 가는 언어를 지켜 내기 위한 방안을 함께 고민하고 실천해야 한다.

김수정_2020. 3. 19.

겨울에 만난 푹한 날

정말 오랜만에 한국 소설을 읽기 시작했다. 어릴 때 읽었던 소설 중 하나다. 부끄럽게도 '읽었다고 생각했던' 소설은 '읽었다'란 말이 무색하게 낯설었다. 어른이 되어 다시 만난 소설은 예전과 달랐다. 내용보다는 우리말들이 엮인 모습이 눈에 먼저 들어왔다. 직업병이다. 소설을 읽으며 덤으로 우리말도 다시 새겨본다. 어쩌면 이렇게 자연스럽게 말을 꾸렸을까. 소설 속 주인공들의 삶 속으로 나를 이끄는 소설가의 말은 마법 같다. 우리말을 잘 부려 쓰는 소설가의 소설이라면 멋진 우리말들을 더 많이 만날 수 있다. 오늘은 그중에 한 구절이 유난히 눈에 띄었다.

> 동짓달이었다. 며칠 전 큰 눈이 한번 오고 나서 푹한 날이 계속되고 있었다.

혹시 어떤 소설 속의 표현인지 눈치채신 분이 계실지 궁금하다. 박완서 님의 소설 『미망』 속의 한 문장이다. 이 문장 중에서도 '푹한 날'이 오늘 소개하고 싶은 말이다. 옛날 이 소설을 읽을 땐 어떤 뜻으로 이 말을 새기고 넘어갔는지 당최 기억이 나지 않는다. '푹한 날'. 소리 내어 읽어 보았지만, 여전히 낯설었다. 머릿속엔 부사 '푹'만 맴돌았다. 생각해 보니 예전에 이 소설을 읽을 때는 그러려니 하고 그냥 넘긴 것 같다. 그렇게 그냥 넘기며 읽었던 우리말들이 우리말을 공부하는 학자가 되고 난 뒤에야 눈에 띈 것이다.

동짓달은 음력으로 열한 번째 달인 음력 11월이다. 이 글을 쓰고 있는 12월 6일인 오늘이 음력 11월 3일이니 지금이 딱 동짓달이다. 그중에서도 '푹한 날'은 겨울에 가끔 만날 수 있는 날로, '겨울답지 않게 따뜻한 날'을 가리키는 말이다. 큰 눈 내린 뒤부터 '푹한 날'이 계속된다니. 겨울에만 느낄 수 있는, 겨울 햇살의 따스함이 느껴지는 표현이다. 이렇게 소설 속에서 만난 '푹하다'란 형용사가 매우 마음에 들었다.

'푹하다'의 뜻을 새기고 나니 생각나는 말이 있다. '득하다'가 그것이다. '푹하다'와는 반대되는 뜻을 가진 말이다. 같은 겨울 날씨를 표현하는 말이지만 '푹하다'는 형용사, '득하다'는 동사로, '날씨가 갑자기 추워지다'란 뜻이다. '겨울답지 않은 날씨'를 가리키는 '푹하다'와 달리, '겨울다운 날씨'를 표현하는 말인 셈이다. 이 말도 예전에 어떤 글 속에서 만난 말이었는데, 뭔가 특별한 느낌이 들어 간직하고 있었던 말이다.

> 겨울 날씨는 득하다가도 푹하다. 그러다 봄이 온다.

'푹하다'를 알았으니 이렇게 어울려 쓸 수도 있겠다. 우리에겐 낯선 말일 수 있지만, 『표준국어대사전』에서 이 '득하다'를 찾아보면, 동음이의어 '득하다' 표제어들 중에서 1번을 달고 있다. '득하다1'. 이렇게 말이다. 그러나 아쉽게도 요즘 사람들이 많이 쓰는 '득하다'는 '得(얻을 득)+하다'

로 만들어진 '득하다2'이다.

지난 한 주는 갑자기 날씨가 득해져 한겨울이 벌써 왔나 싶었다. 그러다 주말부터 날씨가 따뜻해지는 게 아닌가. 그런 중에 『미망』 속에서 '큰 눈 내린 뒤 푹한 날'이란 표현을 만나 반가웠다. 이 글을 쓰는 오늘도 푹한 날이다. 이렇게 푹한 날씨만 계속되는 겨울이면 좋겠지만, 그러면 겨울답지 않을 것이다. 맵고 찬 '맵찬 바람'과 한창 심한 추위인 '한추위'가 지나가야 따스한 봄이 올 자리가 만들어지는 게 우리 사계절의 흐름인 것을 살면서 배웠다.

12월. 겨울이다. 겨울 날씨는 앞으로도 '득하다', '푹하다'를 반복할 것이다. 이렇게 겨울을 보내면 봄이 온다. 그러니 맵찬 겨울 날씨도 견딜 수 있는 것이다. 푹한 날도 올 것을 알고 있으니 말이다. 『미망』 속 '푹한 날' 덕분에 이 겨울에 만난, 따뜻한 날이 더 특별해졌다.

안미애_2021. 12. 9.

다시 '크게 모일 날'을 기다리며

"와, 달 좀 봐. 저게 보름달이야. 저 달에게 소원을 빌어 볼까?"

"왜?"

"한가위 달은 특별한 달이야."

"한가위가 뭐야? 가위야?"

"추석이 한가위야. 싹둑싹둑 가위가 아니야. 추석 책을 보면서 같이 알아보자."

지난 추석 밤, 보름달에 소원 빌기로 시작된 아이와의 대화에서 필자가 한, 가장 큰 실수는 '한가위'란 이름을 아이에게 말한 것이었다. 46개월짜리 아이에게 한가위와 보름달의 의미를 자세하게 설명하기는 어려웠기 때문이다. 아이와 함께 추석 관련 이야기를 다룬 책을 보며 이런저런 이야기를 나누었다. '한가위'란 말이 나오지 않게 조심하며 말이다. 다행히 아이는 추석 그림책 속의 화려한 먹거리 그림과 자신이 먹은 송편을 연결하는 데 정신이 팔려서 한가위는 잊어버린 듯했다.

'한가위'의 '가위'가 왜 싹둑싹둑 '가위'가 아닌지, 몇 번씩 보는 보름달 중에서도 왜 한가위 보름달에만 소원을 비는지 궁금한 것은 아이 입장에서는 당연했다. 독자들께서도 이 아이와 같은 의문을 가지셨을 때가 있었지 않을까 추측해 본다. 필자도 그랬기 때문이다.

중추절(仲秋節), 중추가절(仲秋佳節), 추석(秋夕), 한가위, 팔월대보름, 가배(嘉俳)절…. 이 단어들이 모두 추석을 가리키는 단어들이다. 이중 '중추'나 '추석'은 한자어라 뜻을 바로 새길 수 있지만, '한가위'는 그렇지 않다.

조선 후기에 홍석모가 지은 『동국세시기(東國歲時記)』(1849)에 음력 8월을 추석이나 가배(嘉俳)라 불렀고, 신라 풍속에서 시작되었다는 설명이 있다. 이 기록을 단서로, 신라의 기록으로 거슬러 올라가 보면 중국의 『수서(隋書)』(636), 『구당서(舊唐書)』(945)와 우리나라의 『삼국사기』(1145)에서 관련 기록을 찾아볼 수 있다.

먼저 『수서』 신라편과 『구당서』에는 신라에서 정월 초하루에는 모든 신하들이 모여 일월(日月)신에게 인사를 올렸고, 8월 보름에는 잔치와 활쏘기 대회를 열었다는 기록이 있다. 『삼국사기』에서도 가을 7월 기망(幾望: 16일)에서 8월 15일까지 왕녀 둘을 대표로 여성들이 편을 나누어 길쌈놀이와 온갖 놀이를 했는데 이를 '가배'라고 한다 하였다. 8월 보름(15일)의 잔치에 대한 기록으로 볼 때, '가배'와 '추석'은 같은 날임이 틀림없다. 조상들이 섬긴 '일월신' 또한 해와 달을 가리키니, 특히 크고 둥그렇게 떴을 한가위 보름달은 특별한 달로 대접받았을 것이다.

이런 기록을 근거로 국어학자들은 한가위의 어원을 추정한다. 한가위의 '한'은 '크다, 많다'의 뜻이고, 가위는 『삼국사기』에 기록된 '가배'에서 온 말이라는 것이다. '가배'를, 한자를 빌려 고유어를 표기한 차자 표기로 본다면, '가배'는 '갑-'을 표기한 것이란 해석이 유력하다. 이 '갑다'는 고이다, 모이다, 차오르다의 뜻으로 해석되는 고유어이다. 그렇다면 '한가위'는 '크게 모이다' 정도의 해석이 가능하다.

먹거리가 풍성하고 날씨도 선선해져 모두가 모이기 좋은 날인 음력 8월 15일에, '크게 모이는 날, 크게 차오르는 날'이란 뜻의 '한가위'는 더없이 잘 어울리는 이름이란 생각이 든다. 그날 뜬 달에게 우리 조상들은 '더도 말고 덜도 말고 한가위만 같아라.'를 소원했을 것이다.

아쉽게도 올해 추석도 전염병으로 모두가 모이기 어려운 명절이 되어버렸다. '한가위'의 뜻처럼, 내년 한가위는 두둥실 뜬 보름달을 바라보며 '더도 말고 덜도 말고 한가위만 같아라.'를 가족들이 모두 모여 외칠 수 있는 날이 되기를 바란다.

안미애_2021. 9. 30.

꽈배기의 말맛

집에 오니 식탁 위에 꽈배기가 놓여 있었다. 웬 꽈배기인가 했더니 아빠에게서 얻어 낸 아이의 전리품이었다. 한창 한글을 읽기 시작한 아이가 꽈배기 가게의 '꽈배기'를 읽어 내 기특하기도 했고, 꽈배기가 뭔지 알려주고도 싶어서 사주었다고 한다. 꽈배기를 처음 맛본 6살 난 아이는 "꽈배기는 왜 꽈배기야?"라는 아이다운 질문을 던졌다. '꼬다'가 '아'를 만나 '꽈'가 되었고, 여기 '그런 물건'의 뜻을 더하는 접미사인 '-배기'가 붙어 된 것 같은데 말이지 어쩌고저쩌고 설명하다가 어리둥절해하는 아이 얼굴을 보며 말문이 막혔다. 결국 찰흙을 들고 엮어 가며 "이게 꼬는 거야. 모양이 이렇게 배배 꼬인 걸 꽈배기라고 해."라고 하며 설명을 마무리했다. 6살 인생에 꽈배기란 말을 처음으로 보고, 듣고, 맛본 아이는 '그렇구나.'란 표정으로 고개를 끄덕였다.

생각해 보니 그동안 아이에게 꽈배기란 말을 한 번도 안 한 것 같다. 옛날에는 '몸을 꽈배기처럼 비비 꼰다, 너 꽈배기처럼 심사가 꼬였구나'와 같이 일상 말하기에서도 꽈배기를 꽤 사용한 것 같은데 말이다. 그리고 요즘 신문 기사에서는 꽈배기를 비유적 의미로 기사에서 쓰는 일이 드물지만, 예전 신문 기사에서는 꽤 사용했던 것 같다.

1957년 『동아일보』 12월 19일 기사의 '잡기장'과 1958년 9월 22일 자 『조선일보』의 신간 서평에서의 꽈배기의 쓰임을 소개한다. 1957년 『동아일보』에서는 당시 대통령이 비꼬아 말하는 것을 '꽈배기로 일침을 놓는다.'라고 표현했다. '허! 난 우리나라엔 법률가가 많은 줄만 알았는데 우리 법률가는 말짱 일본 법률밖에 모르는 모양이지?' 하고 도리어 꽈배기로 일침을 놓기도 하며…"란 표현에서이다. 1958년 『조선일보』의 신간 서평에서는 '꽈배기 같은 한 줄 한 줄의 대화보다도'란 표현이 눈에 들어온다. 맛있는 표현이다.

어쨌든 '꽈배기'의 첫 번째 뜻은 밀가루나 찹쌀가루 따위를 반죽하여 엿가락처럼 가늘고 길게 늘여 두 가닥으로 꽈서 기름에 튀겨 낸 과자란 뜻이다. 두 번째 뜻은 꽈배기의 모습에서 유래된, 비유적인 뜻이다. 사물을 비꼬아 말하기 좋아하는 사람을 비유적으로 이르는 말이란 뜻으로 쓰인다. 좋게 대하려던 마음이 뒤틀릴 때 '꽈배기처럼 심사가 뒤틀린다.'라고 표현하는 것처럼 꽈배기는 마음이 뒤틀린 모습을 표현할 때도 사용한다.

아쉽게도 꽈배기는 15세기에서 19세기의 우리 문헌 자료에서는 그 쓰임을 찾기가 어렵다. 하지만 『조야집요(朝野輯要)』에 나오는, 밀가루를 꼬아 튀겨 만든 '마화병(麻花餠)'과 꽈배기가 같은 과자라는 이야기가 있다. 광해군이 왕으로서 마지막으로 먹은 과자라고 한다. 이 '마화'는 18세기 문헌에서 '꼬아 만든 과자'라는 설명으로 등장한다. 중국에도 꽈배기와 비슷한 유타오(油條)란 과자가 있는데, 이 과자에 얽힌 이야기가 재미있다. 송나라의 간신인 진회가, 충신인 악비 장군을 모함해 죽인 것에 분노한 백성들이 밀가루를 반죽해 사람 모양으로 만든 후, 몸통을 비틀어 이를 간신 진회인 양 펄펄 끓는 기름통에 집어 넣어 분을 풀었다는 이야기이다. 꽈배기의 비틀린 몸통이 이해가 가는 상황이다.

간신 진회에 대한 분풀이 일화를 가진 꽈배기는 보통 빵은 아닌 듯하다. '꽈배기' 한 단어로 상황을 정리하는 것도 꽈배기가 가진 말의 힘이다. 달콤한 빵 꽈배기에서부터 뒤틀린 심사를 표현하는 꽈배기, 비꼬는 꽈배기, 다양한 꽈배기로 우리 말맛을 살려 보는 건 어떨까? 물론 꽈배기같이 꼬인 상황을 마주하지 않는 게 제일 좋은 건 당연하지만 말이다. 오랜만에 만난 꽈배기 덕분에 일상에서 쓸 말이 하나 더해져 기쁘다.

안미애_2022. 7. 28.

진짜 골목을 만나러 가는 길

'개발' 논리에 묻혀 잊힌 작은 골목들. 그 골목을 다시 보자는 이야기들이 여기저기서 들린다. 한 사설에서는 골목에 사람의 목, 손목, 발목처럼 삶과 사람을 이어 주는 중요한 통로라는 의미까지 부여했다. 우리는 어떤 골목을 지나왔을까? 내가 발 디딘 우리 동네에는 어떤 골목이 있었을까?

옛 한글 문헌에서 '골목'보다 먼저 등장하는 단어는 '길'이다. 15세기 문헌인 『석보상절』(1447)에 나타나는 "천도(天道)는 하늘에 가 나는 길, 인도(人道)는 사람 되어 오는 길이라."의 '길'은 사람이 다니는 길이 아니라 '삶'의 의미가 담긴 길이다. 그래서 '길'과 같은 뜻을 가진 '골목'에도 '삶'의 뜻이 함께하게 된 듯하다.

'골목'은 넓은 길이 아니라 좁은 길을 가리킬 때만 쓴다. 골목도 누군가의 걸음걸음이 모여 생긴 것이지만, 미처 넓어지지 못한 길이다. 이렇게 생긴 골목들 중 의미가 담긴 골목이 있다. 서울 종로의 '피맛골'이다. 이 '피맛골'은 말을 피해 다니는 길이라 하여 '避馬(피마)+골'이다. 조선시대에 높은 벼슬에 있는 관리가 서울 종로의 큰길을 오갈 때 신분이 낮은 이들은 이 길에서 이들의 행차가 끝날 때까지 고개를 숙이고 엎드려 있어야 했다고 한다. 그걸 피하기 위해 다니던 좁은 옆길이 지금의 '피맛골'이다. 이들을 대상으로 한 가게들도 그 좁은 길에 성행하였다고 한다. 그리고 지금은 맛집 골목이 되어 새로운 삶이 새겨지고 있다.

서울에 피맛골이 있다면 대구에는 진골목이 있다. 대구에는 '진골목'이 피맛길이었다. 진골목의 '진'은 '진짜'의 '진'이 아니라 '길다'의 '긴'이 구개음화된 '진'에서 왔다. 옛날 대구 양반들이 영남 제일관에서 종로의 큰길을 따라 감영으로 갈 때, 이들보다 신분이 낮은 사람들이 이들을 피하기 위해 큰길 옆 좁은 길로 다니던 길이 지금의 진골목이 되었다. 지금은 대구 골목 여행길 중 '근대 문화 골목'의 여행길이 되어 새로운 삶을 얻었다.

골목이라 해서 좁고 어둡지만은 않았다. 1765년에 홍대용이 쓴 『을병연행록』이란 사행 일기 속 청나라의 골목은 저잣길보다 화려하다. "남편으로 조그만 골목이 있어 우리나라 행랑 뒷골 같거늘 그리 들어가니 길이 심히 좁아 두어 간 너비로되 좌우에 아로 새긴 창호와 기이한 채색에 눈을 뜨지 못할 듯하고 온갖 물화를 총총히 벌였으니 (중략) 그 사치한 거동이 문 안 저자에 비하면 또한 십 배나 더하더라." 좁은 골목에서 서로 흥정하는 사람들과 화려한 색감의 물건들, 풍기는 음식 냄새들을 생각하니 절로 활기가 느껴진다.

홍대용은 『을병연행록』에서 청나라에서 본 골목들을 조그만 골목, 그윽한 골목, 깊은 골목, 작은 골목으로 표현하고 있다. 지금 남아 있는 자료로는 18세기에 와서야 '골목'이 나타나지만, 홍대용이 쓴 세련된 골목 표현들로 볼 때, '골목'은 이전부터 일상생활에서 깊이 쓰였을 것으로 짐작된다.

<응답하라 1988> 드라마에서 친구를 목청 터지게 부르던 골목의 주택가가 생각난다. 좁은 길이니 길에서 불러도 서로 부르는 소리가 들린다. 함께하는 삶의 길이 골목인 셈이다. 골목에는 그곳 사람들의 삶이 시간과 함께 새겨져 있다. 근대의 흔적을 간직한, 대구 진골목의 '정소아과' 간판처럼 말이다. 진골목의 유래는 '긴 골목'의 방언형이었다. 그러나 지금은 진골목이 '진짜 골목'에서 온 말인 줄 아는 젊은이가 많다. 골목이 시간이 흐르면 진짜가 된다. 누군가의 걸음걸음이 지난 골목은 그 길을 밟은 이들의 삶이었기 때문이다. 오늘은 한 번도 다녀보지 못했던 골목에서 옛 삶의 흔적을 찾아보면 어떨까?

안미애_2022. 10. 13.

한국어의 보물 창고인 방언

방언은 일정한 지역이나 사회 계층에서 사용하는 말이다. 방언은 공통어가 분화되면서 음운, 형태, 의미 변화를 거쳐 생성되었거나, 일정한 지역의 오랜 언어 문화적 특징을 기반으로 생성된 언어이다. 그러므로 방언에는 지역에서 오랫동안 전해 오는 다양한 문화, 전통, 역사가 무늬처럼 새겨져 있고, 지역민들의 독특한 정서와 사고가 살아 숨 쉬고 있다. 그래서 방언을 통하면 지역의 삶과 문화를 깊이 이해할 수 있다. 방언은 지역민들이 서로 동질감을 느끼면서 우리 가족과 동네 사람과 유대감을 갖게 하고 지역의 정체성을 유지하게 해 주는 소중한 문화유산이다.

보통 지역 출신의 작가들은 자기 경험한 문화와 전통과 의미를 정밀하게 묘사하기 위하여 방언을 사용한다. 작가는 방언을 사용함으로써 어휘가 품고 있는 사전적인 개념을 뛰어넘어, 작가 자신이 겪은 정서적 경험을 아주 다양하게 표현하면서 심미적 효과를 얻고 있다. 우리 지역 출신의 작가 중에는 작중 인물의 성격을 뚜렷이 드러내고, 사실적 현장성을 얻는 데 효과적이라고 생각하여 지역 방언을 많이 사용하는 사람이 있다. 하근찬은 『수난이대』에서 '니 우짜다가 그래 댔노?', '전쟁하다가 이래 안 댔심니꼬. 수류탄 쪼가리에 맞았심더. 얼른 낫지 않고 막 썩어 들어가기 땜에 군의관이 짤라 버립디더, 병원에서예.'라고 대구 지역의 방언으로 표현했다.

최근 국립국어원에서 개발한 '지역어 종합 정보'에서 '소꿉장난(소꿉놀이)'의 방언지도를 검색해 보면 남한 지역에서만 사용하는 방언형이 80여 가지가 발견된다. 이들을 어휘나 음운 차이로 크게 분류해 보아도 10여 개 이상의 방언형들로 나눌 수 있다. 만약 표준어 '소꿉장난'만을 『표준국어대사전』에 올려 사용하도록 한다면, 이 어휘의 대표 방언형인 '빠끔살이, 반두깨미, 살림살이, 도꿉장난, 통고발이, 동두깨미, 흑밥, 밥펄락, 새끔살이, 땅깽이, 송구팔이, 동갑살이, 헛밥놀이' 등은 조만간 잊혀져 버릴 가능성이 높다.

한국어는 지역의 방언이 바탕에 있으며, 편의상 한국어의 표준을 설정하기 위해 교양 있는 서울말을 중심으로 표준어를 정한 것이다. 말하자면 표준어란 국가의 언어를 대신하기 위해 인위적으로 설정한 언어인 것이다. 그러므로 방언은 표준어의 존재를 유지시키는 중요한 언어문화 자원임을 잊지 말아야 한다.

그런데 표준어에는 한국어를 대표한다는 공통어의 개념이 포함되어 있어야 바람직하다. 이처럼 공통어 개념을 충실하게 반영하기 위해서는 각 지역의 방언이 표준어에 충분히 반영될 때 비로소 공통어의 개념을 가진 표준어가 되는 것이다. 그동안 방언에 대한 정밀하고 종합적 연구가 충분하지 못하고 방언 어휘의 역사나 방언의 생성 규칙 및 표준어와의 상관성이 충분히 밝혀지지 않아서 표준어에 들어갈 수가 없었다. 이를 위해 방언에 대한 깊은 이해와 연구를 통하여 방언에서 공통어적인 특질을 찾아내어서 표준어에 넣고, 지역을 표상하는 방언으로 자리 잡을 수 있도록 해야 한다.

방언은 우리 민족의 역사와 전통이 새겨져 있고 지역민의 정서가 녹아 있는 문화재와도 같다. 유무형의 문화재를 보존하고 새롭게 가꾸는 것처럼, 방언도 잘 보전하려면 지역어가 갖는 정밀한 의미와 쓰임을 바탕으로 만들어진 방언사전이 있어야 한다. 이러한 방언사전을 바탕으로 공통어적 표준어를 선정해야만 교양 있는 서울말로 정하는 일방적인 표준어가 아니라 한국어를 대표하는 공통어로서의 표준어를 확립할 수 있다고 본다. 방언은 한국어의 보물 창고이다. 한국어를 잘 보전하기 위해서는 이제 아름다운 지역 방언을 찾아 골라 쓰는 지혜가 필요한 시대이다.

김덕호_2021. 12. 2.

경북 방언의 뿌리는?

방언은 어떤 지역의 오랜 언어 문화적 특성을 기반으로 이루어진 언어이다. 그래서 방언에는 해당 지역의 전통과 역사, 문화가 무늬처럼 새겨져 있고, 방언을 사용하는 지역민들의 독특한 정서와 사고가 녹아 있다. 동일 방언은 지역민들 간의 유대감과 정체성을 유지하게 해 주는 중요한 문화유산이다. 그런데 방언은 어떻게 해서 지역을 기반으로 생성되었고 서로 다른 방언이라고 인식하고 있는 것일까?

그런 의문을 해결하기 위해서는 그 지역의 역사적 뿌리를 살펴봐야 한다. 경북의 역사적 뿌리는 고대국가인 신라이고 경북 방언은 그 당시의 말이 계승된 것이라 생각한다. 즉 신라말이 경북 방언의 뿌리라고 할 수 있다. 그런데 경북 방언 중에서도 서로 다르게 인식하는 하위 방언권들이 있다. 그렇다면 이들 하위 방언권은 서로 다른 뿌리를 가지고 있었다고 볼 수 있다.

경북 방언구획 연구를 살펴보면 의문형 종결어미의 높임 표현으로 '뭐 하능교? 밥 잡샀능교?'로 말하는 제1지구 ~능교형 지역과 '뭐 하니껴? 밥 잡샀니껴?'라고 말하는 제2지구 ~니껴형 지역, 그리고 '머 해여? 밥 잡샀어여?'라고 말하는 제3지구 ~여형 지역으로 나누고 있다. 통상

~능교형 지역은 경북의 동남부인 경주, 포항, 영덕, 청송, 영천, 경산, 군위, 대구-달성, 성주, 칠곡, 구미-선산 남동부 지역 정도이다. ~니껴형 지역은 경북의 동북부인 안동, 의성, 영양, 영주, 봉화, 울진, 예천 정도로 나누고 있다. ~여형 지역은 경북의 서부인 문경, 상주, 김천, 구미-선산 북서부 지역으로 나누고 있다.

이런 구분은 지리적으로 낙동강이 경북을 동부와 서부로 구분하고 있는 큰 기준이라는 것을 알 수 있다. 동부와 서부가 하위 방언구획으로 언어적인 차이가 있다는 점은 역사적으로 정치적, 경제적, 문화적인 변별이 있었다는 증거이기도 하다. 고대 문화나 문명은 강(해안)을 끼고 이루어진다는 것이 일반화된 정설이고, 삼한의 고대 소국 중 상당수가 강 중심으로 발달했다. 경북도 예외는 아니다. 기록을 보면 경북을 중심으로 분포되었던 고대 소국은 대략 12개인데, 낙동강을 기준으로 동부와 서부의 문화나 문명이 형성되었다고 볼 수 있다.

이 중에 경주를 중심으로 한 사로국은 신라의 모체가 되었는데, 이웃한 소국의 병합을 통해 국가의 기반을 다졌다. 소국 병합은 거의 300년에 걸쳐 이루어졌는데, 기원전 1세기에서 기원후 2세기 초에 사로국에 의해 병합된 소국은 주변 이서국(청도), 우시산국(울산), 거칠산국(동래)과 음즙벌국(포항, 안강), 골벌국(영천), 압독국(경산), 달벌국(대구, 달성), 실직국(울진)이다. 2세기 후반에는 조문국(의성), 창녕국(안동)이 병합되었다. 3세기에는 감문국(김천), 사벌국(상주)가 병합되었다. 역사적으로 2세기 초까지 병합된 경북의 소국들은 현재 경북 동남부 방언권으로 구분할 수 있고, 2세기 후반에 병합된 소국들은 현재 경북 동북부 방언권으로 구분할 수 있다. 그리고 3세기 중반 이후 병합된 소국들은 현재 경북 서부 방언권으로 구분할 수 있다고 볼 수 있다.

낙동강을 중심으로 형성된 고대 소국은 각기 나름 독특한 문화와 언어를 만들었고, 초창기 수 세기 동안 역동적인 상호작용을 통해 공존과 대립을 거듭하면서, 이들 문화와 언어는 나름의 유사점과 차이점을 가지게 된 것으로 짐작할 수 있다. 그런 고대 소국들을 신라가 차례로 병합하고 통일하면서 고대 시기의 언어 문화적 특성을 계승하게 되었고 현재와 같은 동남부, 동북부, 서부의 하위 방언권이 생기게 된 것이다. 그러므로 경북 방언은 고대 소국의 말이 뿌리일 가능성이 높다.

김덕호_2022. 2. 17.

진또배기와 처용가

"어촌마을 어귀에 서서 마을에 평안함을 기원하는 진또배기. 오리 세 마리 솟대에 앉아 물, 불, 바람을 막아 주는 진또배기. 모진 비바람을 견디며 바다의 심술을 막아 주고, 말없이 마을을 지켜 온 진또배기, 진또배기, 진또배기." 10여 년 전에 가수 고 이성우 씨가 불렀던 <진또배기>라는 노래인데, 최근 모 방송의 트로트 경연에서 대구 출신 젊은 가수 이찬원 씨가 불러서 다시금 화제가 된 노래이기도 하다.

며칠 전 모 방송국에서 진또배기의 어원을 물어 온 적이 있었다. 자료를 찾다 보니 강릉 강문동이라는 포구마을에서 세 갈래로 갈라진 나무 끝에 나무오리 세 마리가 경포호를 바라보며 올라앉아 있는데, 이 지역에서 이것을 진또배기라고 부른다고 한다. 그리고 이것이 마을의 재앙을 막아 주고 풍년을 기원한다고 믿고 있어서 신성하게 여긴다고 한다. 말하자면 우리의 전통 신앙에 나오는 솟대의 의미라고 할 수 있다. 솟대와 진또배기의 연결점은 무엇인가 궁금해져서 찾다 보니 고려가요인 「청산별곡」의 한 대목에서 그 증거를 찾을 수 있었다. 「청산별곡」의 7연에 "사ᄉᆞ미 짐ㅅ대예 올아셔 해금을 혀거를 드로라"에 나오는 '짐ㅅ대'를 김완진 교수는 장대로 해석한 적이 있다. 그렇게 생각해 보니 옛말에 장대를 '짐ㅅ대'라고 했고, 이것이 '진또'가 되었을 가능성이 있다. 말하자면 '짐ㅅ대'는 '짐ㅅ대>짐때>진때>진또'의 변화를 겪었고, 배기는 박다에서 비롯되었는데, '박-(박다)+-이(일, 사람)'로 되어 '박이>백이>배기'로 변천된 것이다. 그러므로 진또배기는 장대를 박는 일 혹은 사람이라고 보면 될 것 같다.

장대를 세우는 기록은 대략 고려시대에 등장한다. 『고려도경』을 보면 옛날부터 장대를 세워 일반 집과 구별하였다는 기록이 있다. 이러한 행위는 귀신을 섬기면서 나쁜 기운을 누르고 기양(祈禳)을 하는 풍습이라고 한다. 그러니 장대를 세우는 행위는 액막이와 풍년을 기구(祈求)하는 전통 신앙이었던 것이다. 즉 솟대는 예부터 내려온 장대 세우기[立竿] 신앙에서 비롯된 것이 분명하다. 그러므로 진또와 솟대는 같은 의미인 것이다. 실제로 고대 선사 시기의 북아시아 솟대는 모두 발생 기원에서 일치점을 보여 주고 있다. 솟대 전문가 이필영 교수는 시베리아의 솟대는 층위별로 계단이 나뉘어 있고, 샤먼의 제의와 밀접한 관련성이 있다고 보았다. 이에 비해 우리나라의 솟대는 바로 마을공동체의 풍요를 기원하는 목적과 발생 기원을 지닌 후대의 시대적 산물로 한반도 전역에 널리 퍼져 있다고 했다. 기원이나 의미로 보아서 솟대(진또)는 우리 민족에게 재앙을 막아 주고 풍년을 가져오는 의미가 담겨 있음이 분명하다.

신라 향가 중에 「처용가」가 있다. "동경(경주) 밝은 달에, 밤들이 노니다가 들어와 잠자리를 보니, 가랑이가 넷이도다. 둘은 나의 것이었고, 둘은 누구의 것인가? 본디 내 것이지마는 빼앗긴 것을 어찌하리오?"라고 해석되는데, 이렇게 처용이 이 노래를 부르고 춤을 추니 역신(疫神: 천연두·홍역·학질을 일으키는 질병신)이 처용의 노하지 않음에 감복하여 사죄

하고 물러가면서 앞으로 처용의 모습이 있는 곳에는 절대 나타나지 않겠다고 한 이야기가 있다. 이 처용가는 고려·조선시대 나례(儺禮) 공연 때 처용가무에서 부르면서 나라의 평안을 기원했다고 한다. 노래를 부르면서 역신을 물리치고 평안을 기원한다는 발상은 오래전 우리 조상들의 역설적인 기구(祈求)의 행위였으리라.

요즈음 코로나19로 지친 사람들과 힘겹게 싸우는 의료진을 위해, 「처용가」를 부르며 기구했던 옛사람들의 심정으로 <진또배기>를 부르면서 그 마음을 조금이라도 위로할 수 있었으면 좋겠다.

김덕호_2020. 4. 9.

쌀과 벼와 나락 이야기

언어는 정신 활동의 소산인 문화를 담아내는 중요한 그릇이다. 그래서 언어 활동은 인간이 문화적인 삶을 영위하기 위해 반드시 필요하다. 그런데 언어의 추상은 문화의 집단에 따라 다르게 나타난다. 삶과 문화를 공유하는 데 중요한 대상일수록 언어의 추상은 다양하게 이루어진다. 에스키모인에게 눈[雪]은 중요한 대상인데, 이를 분류하는 단어만 해도 수십 종이 된다고 한다.

우리 민족의 먹거리 중에 가장 중요한 것이 벼이다. 벼를 찧어서 쌀을 만들고, 쌀로 지은 것을 밥이라고 한다. 나락은 벼를 뜻하는 방언인데, 한반도 남부에 널리 퍼져 있는 대표적인 표현이다. 한반도에는 쌀과 벼와 나락이 모두 사용되고 있다. 이들 중에 어느 것이 가장 오래된 말일까?

인도의 허왕후가 가야의 수로왕(서기 42~199년 재위)에게 시집오면서 가져온 물건 중에 벼(쌀)가 있었다고 하는데, 고대 인도어인 드라비다족의 타밀어 biya/pyo, sor/hal이 현재 벼, 쌀과 발음이 유사하다 하여 이를 기원으로 보기도 한다. 그런데 한반도에서 벼를 재배한 시기는 훨씬 이전이다. 1991년 일산 신도시 개발 중에 발견된 가와지볍씨는 벼 재배의 기원을 5천 년 전 신석기시대로 당겨 놓았다. 벼와 쌀이 인도에서 온 말이라고 인정하더라도 나락이란 말은 어디서 온 것일까? 일설에는 라록(羅祿)이라 하여 신라 때 관리에게 곡식으로 녹봉(祿俸)을 주면서 나락이 되었다는 민간어원도 있다.

통상 곡식의 알이 낟인데, 낟알은 껍질을 벗기지 않은 곡식의 알갱이를 말한다. 낟은 기원이 정말 오래된 고유어로 추정된다. 그 이유는 낟에서 분화된 말이 많다는 사실이다. 낟알이 붙은 채로 쌓은 것을 낟가리라고 하는데, 볏단을 쌓은 더미를 볏(낟)가리라고 한다. 또한 나락이란 말의 생성 과정을 보면 '낟+알→나달→나락'의 어형 변화를 겪으면서 이루어진 것으로 보고 있다. 나락에서 분화된 말도 나락이삭, 나락모가지, 씬나락, 나락씨, 나락종자 등이 있으므로 이 말도 생산성이 높은 기원어일 것이다. 어쩌면 기원이 불분명하고 지역에 널리 분포된 나락이 가장 오래된 말이 아닐까.

쌀과 벼와 나락은 우리의 먹거리 문화에 있어서 중요한 기반이므로 여기서 분화되거나 관련된 단어가 아주 많다. 벼를 잘 몽글이지 않아서 꺼끄러기가 많은 벼를 껄끄렁벼라고 하고, 까끄라기가 유독 길게 붙은 벼를 까라기벼라고 한다. 잘 몽글인 벼를 몽근벼라고 한다. 쌀로 도정하기 위해 말리는 벼는 우케라고 한다. 이삭은 벼를 수확하고 난 뒤에 논밭에 흩어져 있는 낟알을 말한다. 또한 벼에서 나온 쌀을 볍쌀이라고 한다. 볍쌀은 끈기가 많고 적음에 따라 찹쌀과 멥쌀 혹은 입쌀이라고도 부른다. 입쌀로 지은 밥이 이밥이다. 죽을 끓일 때 넣는 쌀을 심쌀, 잡곡 위에 조금 얹어 안치는 쌀을 웁쌀이라고 한다.

벼를 찧어서 겨(껍질)을 벗겨 내는 일을 도정(搗精)한다고 하는데 우리말로 쓿는다라고 한다. 벼를 쓿어서 왕겨(겉겨)만 벗기고 속겨(쌀겨)는 그대로 둔 쌀이 메조미쌀 혹은 현미이다. 속겨를 벗기고 깨끗하게 된 정백미를 쓿은쌀 혹은 아주먹이라고 한다. 깨끗이 쓿지 않아서 겨가 많이 섞이고 빛이 깨끗하지 않은 쌀을 궂은쌀, 찹쌀에 섞인 멥쌀 비슷한 하등품 쌀을 물계라고 한다.

언어는 인간의 정신을 담는 그릇이며, 인류의 문화와 역사를 온전히 품고 있는 집이기도 하다. 언어에는 사람들이 이룩한 문화의 흔적이 고스란히 새겨져 있기도 하고, 대상의 범주가 다양하게 분화되기도 한다. 이러한 단어 분화의 다양성을 고려하면 우리 민족에게 쌀과 벼와 나락은 중요한 문화의 대상임이 분명하다.

김덕호 _ 2021. 6. 24.

김치는 김치다

상큼하고 신 냄새와 고추의 매캐한 맛, 마늘의 알싸한 향이 어우러진 김치는 한국의 대표적인 음식이다. 요즈음은 한류의 분위기를 타고 김치가 새롭게 인식되면서 최근에는 건강식품으로 자리매김한 한국의 대표 브랜드가 되었다. 이제 김치는 외국인들이 한국을 알고자 할 때 가장 먹고 싶어 하는 한국 음식이다. 김치가 명실공히 한국 고유의 전통 발효식품으로 국제적으로 인정받게 된 것은 2001년 국제식품규격위원회(Codex)에 등록되면서부터이다. 2006년에는 미국의 『헬스(Health)』지에 세계 5대 건강식품으로 선정되기도 했다. 마침내 2013년 12월 5일 제8차 유네스코 위원회에서 김장문화가 인류무형문화유산으로 등재 확정되면서 김치의 문화적 가치는 세계적으로 다시 한번 주목받게 되었다.

1996년에 도쿄에서 열린 국제식품규격위원회에서 일본이 김치의 일본어 표현인 '기무치(kimuchi)'를 자국의 고유 식품으로 등록하려고 시도한 적이 있다. 또한 김치가 세계 5대 건강식품으로 주목을 받자 중국에서는 '파오차이(泡菜)'를 김치의 원조라고 주장하기도 했다. 몇십여 년 전만 해도 한국을 폄훼할 때 등장하던 김치를 이제는 이웃 나라 일본과 중국에서 슬그머니 자기의 고유한 절임 음식으로 둔갑시키거나 자기 나라와 관련이 있는 음식임을 주장하려고 한다. 이처럼 김치를 자국의 고유한 음식이라고 주장하고 싶어 하는 일본과 중국의 태도는 그만큼 김치의 위상이 높아진 반증이기도 하다. 왜냐하면 한국의 고유한 김치가 훌륭한 식품이 아니라면 다른 나라에서 그렇게 나설 이유가 없기 때문이다. 김치는 이렇게 역사적으로 우여곡절을 안고 있는 우리 민족의 대표 음식이다. 이는 동북아 3국이 서로 활발한 문화 교류로 인해 역사적으로 비슷한 음식 문화를 가지게 되면서 빚어진 오해이고, 그 가운데 한반도의 '김치'는 대륙의 절임 음식 문화를 받아들여 창의적으로 발전시킨 특별한 형태임이 분명하다.

중국에서 김치의 기원이라고 내세우는 파오차이는 만드는 방식이나 맛이 김치와 전혀 다른 별개의 음식이다. 파오차이는 소금에 절인 채소를 바로 발효하거나 끓인 뒤 발효하는 쓰촨 지방의 염장 채소인데 한국의 김치보다 유럽의 사우어크라우트(sauerkraut)에 가깝다.

한국어에는 김치류를 가리키는 명칭으로 '지'와 '김치'가 있다. '지'는 '디히>디이>지이>지'라는 변천의 역사를 가지고 있다. '지'라는 명칭은 『시경(詩經)』(小雅谷風之什-信南山)에 "껍질 벗겨 지를 담가 조상께 바치고 제사 지내니[是剝是菹 獻之皇祖]"라는 시구에서 절임 채소를 뜻하는 '저(菹)'에서 확인된다. 지는 현재 짠지, 오이지, 장아찌처럼 복합어 형태로 현대어에 남아 있다. 그런데 한반도에서 '지'형이 있음에도 불구하고, 새롭게 '김치'형이 만들어진 이유는 한반도에서 절임 채소에 각종 양념과 고춧가루를 가미하여 창의적으로 발전시키면서 다른 명칭이 필요했기 때문이다. 이 때문에 15세기 이전의 어느 시기에 '딤ᄎᆡ(沈菜)'형이 나오게 된 것이다. 이 단어가 '딤ᄎᆡ>딤츼>짐츼>짐치>김치'의 변천을 거쳐서 '김치'라는 명칭으로 탄생한 것이다. 그런 언어 문화적인 배경을 보면 김치는 우리 민족이 고유하게 탄생시킨 명칭이며, 한민족의 고유한 맛이 배어 있는 전통적인 먹거리임이 분명하다. 중국의 파오차이와 전혀 다르고, 일본의 쓰케모노나 우리 김치의 모방품에 불과한 기무치와는 분명히 다르다는 것을 알아야 한다.

언어는 의미를 담은 그릇이며, 그 언어를 사용하는 사람들의 문화와 역사를 온전히 품고 있는 집이기도 하다. 그러므로 민족문화와 함께 이해하는 언어는 겨레의 얼이 되기도 하고 자부심이 되기도 한다.

김덕호_2021. 4. 1.

단어도 나이를 먹는다

'다방'에 대하여

필자는 미국의 모 대학에서 한국어 수업의 'TA(Teaching Assistant)'를 담당한 적이 있다. TA는 수업을 담당하는 교수나 강사를 보조하여 수업을 돕거나 채점을 담당하는 일을 한다. 당시에 박사 과정의 학생으로 수학 중이던 필자에겐 학비와 생활비를 충당하며 외국 학생들에게 한국어를 가르치는 경험을 얻을 수 있는 소중한 일자리였다. 필자가 맡은 업무는 일주일에 두 시간 동안 학생들이 한국어를 읽고 말할 수 있도록 연습을 시키는 것이었다. 한국어 수업에서는 한국 대학에서 출판한 교재를 사용하고 있었는데, 한 가지 문제가 있었다. 수업에서 사용하던 교재가 출판된 지 너무 오래 되어서 언어현실을 제대로 반영하지 못하고 있었던 것이다. 어쨌든 한국어 연습 시간에는 교재를 사용하는 것이 원칙이기 때문에 교재에 나오는 대화를 학생들이 열심히 연습하고 익히도록 해야 했다. 교재의 대화 가운데에는 이런 것도 있었다.

철수: 안녕하세요, 영희씨.

영희: 안녕하세요, 철수씨.

철수: 수업 끝나고 시간 있어요? 같이 다방에 갈까요?

다방? 요즘 어떤 대학생들이 수업을 마치고 다방에 간단 말인가? 급히 '다방'이 현재 대학생들 사이에서는 잘 쓰이지 않는 단어이고 '다방' 대신에 '커피숍'이나 '카페'라는 단어를 사용하는 편이 자연스럽다는 부연 설명을 곁들여야 했다. 언어학적 관점에서 '다방'이나 '카페'와 같은 단어들은 유사한 '사전적 정의'를 가지고 있다. 즉 '사람들에게 커피나 차 등을 판매하는 장소'라는 측면에서 '다방'이나 '카페'는 차이가 없다. 하지만 '다방'과 '카페'를 통해 떠올리는 이미지와 배경지식에는 확연한 차이가 있다. 다방에서는 레지가 타 주는 계란을 띄운 쌍화차를 마시며 재떨이에 담배를 비벼 끄는 아저씨가 자리 잡고 있어야 제격이고, 카페에서는 노트북을 펼치고 과제를 하고 있는 대학생이 아이스 아메리카노를 마시고 있어야 제격일 듯싶다. 무엇보다도 이제 대학가에는 다방을 찾아 보기가 정말 어렵다. 다방에 가고 싶어도 갈 수가 없는 것이다. 단어들에 관한 이러한 인식의 차이는 언어가 사회적 맥락을 반영하는 관습적(conventional) 존재라는 점을 알려준다.

우리나라에 상업적 다방이 등장한 시점은 대체로 1909년으로 잡는다. 당시에 다방은 일찍이 서양 문물을 접한 엘리트들이 운영하고 드나들던 모던한 공간이었다. 시인 이상이 제비 다방을 운영하고 대구 지역 최초라고 알려진 아루스 다방을 화가 이인성이 운영한 데에는 이러한 배경이 있다. 1960년대에 접어들어서는 다방이 본격적으로 대중화의 길로 접어든다. 세시봉으로 대표되는 음악다방에서 장발에 청바지를 입은 청년들이 DJ에게 팝송을 신청하고, 조영남, 송창식, 윤형주, 양희은 같은 가수들이 통기타 반주에 노래를 부르던 시절. 그즈음에 다방은 전성기를 구가하게 된다. 『커피 인문학』의 저자 박영순의 분석에 의하면, 1970

년대 후반에 커피믹스의 등장으로 위기를 맞게 된 다방은 1980년대 후반에 수입이 가능해진 원두커피의 복권과 더불어 '커피숍'으로 간판을 갈아 달았다. 1990년대 후반에 접어들어서는 우리에게 익숙한 '카페'의 브랜드들이 시장을 장악하기 시작했고, 오늘날에는 도심부터 변두리까지 촘촘히 크고 작은 카페를 찾아 볼 수 있게 되었다.

단어들 역시 생명체와 마찬가지로 탄생하고 성장하고 소멸하는 과정을 겪는다. '다방'이란 단어는 시골 다방의 간판과 더불어 사라져 가는 과정을 겪고 있다. '다방'은 늙어 가고 있는 것이다. 모든 사라져 가는 것들은 사람들을 애상에 젖게 한다. 그래서 가수 최백호는 "궂은 비 내리는 날 그야말로 옛날식 다방에 앉아 도라지 위스키 한 잔"을 하며 낭만 혹은 잃어버린 것에 대해 한탄을 하지 않았을까? 그런데 도라지 위스키는 뭐지?

김진웅 _ 2020. 9. 8.

사투리에 힘 싣기

'누고, 요있다, 어딨노.'

경상도 사람이라면 익숙한 사투리들이다. 그런데 이제는 더 이상 평범한 사투리가 아니다. 경상도 사람들에게 익숙한 이 말들은 경남도청 IT 개발 벤처인 G-랩(Government-Laboratory)이 개발한, 행정 업무용 IT 시스템의 이름이 되었다. 보통 IT 관련 서비스라면 '구글', '페이스북', '네이버' 같은 영어 이름에 익숙한지라 '누고', '요있다', '어딨노'가 인터넷 서비스의 이름이 되었다니 경상도 사람으로서 반가운 일이다.

'누고'는 어떤 시스템일까? '누고'는 '누구'의 옛말이기도 하고, '누구'의 뜻으로 경상도에서 아직 사용하는 말이기도 하다. 이 '누고'가 시, 도, 군의 업무 담당자 검색 서비스의 이름으로 새롭게 태어났다. 해당 서비스에 접속해 주제어만 입력하면, 전국 지자체의 담당자 이름과 업무를 확인할 수 있는 서비스라고 한다. 누가 그 업무를 하는지를 찾는 서비스의 이름으로 '누고'는 정말이지 딱 맞는 이름이다. '누고'라는 이름을 들으면, 경상도 사람은 어떤 시스템인지 바로 이해할 것이고, 혹시나 다른 지역 사람들이 이 시스템을 쓴다고 하더라도, '누고'가 '누구'의 경상도 사투리란 사실을 새롭게 알 수 있게 될 것이니 행정 업무 시스템의 이름이자 우리말을 알리는 역할로 나무랄 데 없다.

'요있다'와 '어딨노'도 어떤 서비스일지 대충 짐작이 간다. '요있다'는 '여기 있다'일 것이고, '어딨노'는 '어디 있느냐'일 것이다. 그 말뜻처럼 '요있다'는 디지털 출장 증빙 시스템으로, 해당 지역의 공무원이 출장 시 구입해 사용한 물품 영수증들을 증빙할 수 있는 시스템이다. 출장지에서 뭘 샀을 때, 그곳을 검색하면, 해당 영수증을 검색할 수 있는 서비스라고 한다. 말하자면 '영수증, 요 있다(영수증, 여기 있다)'이다. 비슷한 맥락으로 '어딨노'는 '정보가 어딨노(정보가 어디 있느냐)'란 뜻의 서비스다. 이 서비스는 개인 맞춤형 업무 동향 서비스로 공무원들이 필요한 정보를 찾는 서비스의 이름이라고 한다.

물론 사투리로 이름 붙은 행정 서비스는 그동안에도 있었다. 대구에도 있다. 시민 대상 서비스로 만든 '안심하이소'가 그것이다. '안심하이소'는 '안심하세요'란 뜻의 위치 기반 안심 대피 정보 제공 서비스의 이름이라고 한다. 지역민으로서 바로 이해되는 이름이다.

인터넷 세상에서 영어나 외국어 이름은 흔하다. 오히려 이렇게 지역색을 살린 사투리 이름을 들으니 특색 있다는 생각이 든다. 영어로 조합된 이름 일색인 IT 서비스들의 이름을 보다가 우리말 사투리로 된 이름들을 보니 마음이 푸근해지는 느낌이다. 친근한 느낌도 든다. 지역 사투리가 주는 말의 힘이 이런 게 아닐까? 지역민을 대상으로 한 서비스에 지역 사투리로 된 서비스들이 늘어난다면, 지역 사투리가 지역민에게 주는 친숙함과 익숙함이, 새로 생긴 낯선 서비스에 대한 친숙도를 높이는 데도 도움을 줄 것이다.

G-랩이 만든 서비스들의 이름처럼 지역 행정에서부터 지역의 멋을 살

린 사투리를 사용해 공식적인 업무나 행사의 이름 짓기를 활성화한다면, 지역 사투리도 알리고, 그 가치를 높이는 데도 도움을 주지 않을까? 이렇게 사투리에 힘을 실어 주면, 이 사투리들은 앞으로도 우리와 오래 함께할 수 있을 것이다. IT 서비스도 마찬가지이다. IT 서비스라 해서 꼭 영어 이름을 붙일 필요가 없다. '요있다'처럼 정겨운 사투리로 된 IT 서비스라면, 해당 지역민뿐만 아니라 한국인 모두에게 더 친숙하게 다가갈 수도 있으니 말이다.

안미애_2022. 5. 19.

AI(인공지능) 시대에 방언의 풍경

"마음대로 토해 내는 말들이 모두 살아 있는 구수한 우리말이 되어 있는 사람을 만나면 정말 반갑다. 우리는 이런 사람의 말에서 비로소 잊었던 고향으로, 우리의 넋이 깃들인 세계로 돌아가게 된다. 그리고 이런 사람은 어렸을 때 배운 고향의 말을 참 용하게도 잊어버리지 않고 빼앗기지도 않고 잘도 가지고 있구나 하고 한없이 부러워진다." 이오덕 선생님의 『우리글 바로 쓰기』(1989) 머리말에 나오는 구절이다. 여기서 고향의 말이란 바로 방언을 뜻한다.

방언에는 그 지역에서 예부터 전해 오는 다양한 문화, 전통, 역사가 살아 숨 쉬고 있고, 그 지역 사람들의 독특한 정서가 깊이 배어 있다. 방언을 통하여 그 지역의 삶과 문화를 깊이 이해할 수 있다. 또한 방언은 지역민들이 서로 동질감을 느끼면서 가족과 동네 사람과 정서적 연대감을 갖게 하고 정체성을 유지하게 해 주기 때문에 가장 기초적이면서도 중요한 문화유산이다.

작가들은 개인이 겪은 문화와 전통과 의미를 세밀히 묘사하기 위하여 방언을 사용한다. 시인은 방언을 사용함으로써 시어가 지닌 사전적인 개념을 넘어, 자신이 겪은 정서적 의미를 아주 독특하게 표현하며 심미적 효과를 얻고 있다. "우리 고장에서는 오빠를 오라베라고 했다. 그 무뚝뚝하고 왁살스러운 악센트로 오오라베 부르면 나는 앞이 칵 막히도록 좋았다. (중략) 참말로 경상도 방언에는 약간 풀냄새가 난다. 약간 이슬냄새가 난다. 그리고 입안에 마르는 黃土흙 타는 냄새가 난다." 박목월 시인의 「사투리」란 시이다. 이 시에서 '칵', '오라베'는 경상도의 경주 방언이다. 경상도 방언의 맛깔스런 느낌을 주는 방언의 풍경을 통해 고향에 대한 그리움의 정서를 잘 드러내고 있다.

소설가들도 작중 인물의 성격을 보여 주고, 현장의 사실감을 얻는 데 더 효과적이라고 생각하기 때문에 방언을 적극적으로 사용한다. 현진건은 대구 출신이면서 경성에서 신문 기자 생활을 했기 때문에 그의 작품에는 '국해(시궁창의 흙), 데불다, 뒤통시, 불버하다, 삽작, 엉설궂다, 찰지다, 거진'과 같은 대구 방언이 매우 자연스럽게 사용되고 있다. 또한 그의 「무영탑」을 읽다 보면 '찐답잔은'(한 남자와 두 여자! 찐답잔은 일인걸), '노박이'(거기 무슨 일깐이 있어요. 노박이로 비를 맞으실걸 뭐), '진둥한둥'(대감께서 사랑에서 진둥한둥 들어오시더니 마님께 무슨 분부를 내리신 모양이든뎁시요), '감때사나운'(더구나 만일 그이가 아니었든들 그 감때사나운 제자들을 누가 제어를 할 것인가?)과 같은 정겨운 방언의 표현을 만날 수 있다.

방언은 표준어를 존재하게 하는 가장 중요한 언어자원이다. 한국어는 각 지역의 방언으로 이루어져 있으며, 한국어의 표준을 정하기 위하여 서울말을 중심으로 거기에 각 지역의 방언을 포함하여 표준어가 정해진 것이다. 말하자면 표준어도 방언의 풍경을 볼 수 있는 산물인 것이다.

그런데 최근 방언을 알아듣고 방언으로 말하는 AI(인공지능)를 개발하기 위해 대규모의 국가적인 프로젝트를 추진하고 있다고 한다. 바로 한국판 뉴딜 종합 계획에서 시행하는 10개 분야의 자연어 데이터 구축 사업이다. 향후 계획은 실생활에서 사용되는 자연어인 토착어(vernacular)를 수집하여 인공지능이 학습할 수 있도록 제공하는 것이다. 이 사업이 성공적으로 수행된다면 인공지능과 방언으로 대화할 수 있는 날도 머지않아 기대해 볼 수 있을 것 같다. 또한 AI(인공지능)가 특별한 방언으로 창작한 시와 소설을 만나면서 고향의 정서를 느낄 수 있는 시대가 올 수도 있다. 이것이 미래 AI(인공지능) 시대에 예측할 수 있는 방언의 풍경이다.

김덕호 _ 2021. 1. 14.

AI가 이해하는 방언의 깊이

인간을 가장 인간답게 만들어 주는 '언어'라는 현상은 너무나도 다차원적인 속성을 가지고 있어서, 그토록 막강한 AI조차도 언어를 극복하는 것은 쉽지 않아 보인다. 컴퓨터가 '자연 언어'라는 인간의 언어를 정복하는 것, 즉 인간과 기계의 자유로운 의사소통을 위해 시각 처리나 체스나 바둑을 두는 로봇의 개발과는 또 다른 차원의 도약이 필요하다는 것은 주지의 사실이다. AI 스피커를 한 번이라도 사용해 본 사람이라면 처음 경험했던 신세계의 산물이 금방 소통의 한계를 드러내는 아쉬움을 경험해 보았을 것이다. 인간 언어의 처리가 특히 어려운 이유는 의미와 의미를 주고받는 언어적 소통이 단지 참·거짓의 명제적 지식 또는 사실적 정보에만 머물러 있지 않고, 감정의 공유나 주관적인 의도의 전달 등 매우 함축적인 의미를 담고 있기 때문이다. 훗날 인간과 기계는 자유롭게 또 완벽하게 의사소통이 가능할까?

몇 년 전 모 전자회사의 인공지능 에어컨과 관련한 유명한 일화가 있다. "추워."라는 말만 들어도 "희망 온도를 높일까요?"와 같은 대답을 구사할 수 있는 '똑똑한' 에어컨이 출시되기 직전의 일이다. 에어컨의 성능을 실험하기 위해 회사를 방문한 회사의 부회장이 "니 이름이 뭐꼬?"

라고 질문했는데, 에어컨이 아무런 대답을 못했다고 한다. 경상도 방언 화자인 부회장이 던진, 이름을 묻는 아주 간단한 질문("네 이름이 무엇이니?")조차도 AI 스피커는 알아듣지 못했던 것이다. 이 문장을 알아듣고 이해하기 위해서는 '니'를 '네(너의)'로 이해하고 '뭐꼬'를 '무엇이니'로 해석할 수 있으면 된다. 좀 더 구체화하면 "어디 가노? 서울 가나?"와 같은 경상도 방언에서 나타나는 '(가)노'와 '(가)나'를 "어디 가니? 서울 가니?"의 '(가)니'로 이해할 수 있도록 컴퓨터를 학습시키면 될 것이다.

일견 단순해 보이는 이 작업은 최근 수행되기 시작한 디지털 뉴딜 사업 중 '한국어 방언 AI 데이터'의 주요 과업이기도 하다. 이 프로젝트는 전국 5개 권역의 방언을 수집, 전사하고, 대응하는 표준형을 함께 구축함으로써 컴퓨터가 표준어와 같이 방언을 이해하고 구사할 수 있도록 하는 사업이다. 이와 관련하여 최근 연구진 회의에서 "뭐라카노?"를 표준어로 어떻게 해석할지에 대해 논쟁이 있었다. '뭐라카노'는 '뭐라고 하노'가 축약된 말로서 '-고 하-'가 '카'가 된 말이라는 데에는 큰 이견이 없다. 하지만 '뭐라카노'의 표준형을 '뭐라고 하니'로 대응시키는 것은 뭔가 부족하다. 경상도 방언 화자들로서 생각해 보자. 우리가 "뭐라카노?"라고 말하는 것이 "뭐라고 하니?"와 정확히 같은가? 뭔가 부족하다. "뭐라카노?"는 대부분의 상황에서 '뭐'에 대해 묻는 의미는 아니다. "뭐라카노?"를 말하는 경상도 화자는 화가 나거나 답답해 있을 가능성이 높고, '도대체 뭐라고 하는 거냐'라는 의미를 전하고 있다. 요즘 아이들의 말로 "뭐래?"와 유사하다. "뭐라캐 쌓노?" 역시 묻는 말이라기보다는 짜증 섞인 어투로 전달되는 화자의 불쾌한 감정이 묻어난다.

컴퓨터는 자연 언어를 이해하고 화자를 공감할 수 있을까? 방언은 표준어와 정확하게 일대일의 대응으로 해석될 수 있을까? 이 모든 것은 언어가 가진 '의미'의 속성과 관련된다. 어떤 언어학자는 의미란 모두 주관적이고 유동적이어서, 사전의 의미조차도 사전학자가 임시방편으로 고정해 놓은 것일 뿐 객관적인 의미는 존재하지 않는다고도 한다. 언어학자들에게도 의미는 가까이하기에는 너무 먼, 어려운 대상이다.

남길임_2020. 9. 17.

인공지능의 윤리 그리고 방언

알파고와 이세돌 9단의 대국이 벌어진 2016년, 터미네이터와 같은 SF 영화에서나 등장하던 인공지능이 한국사회를 요동치게 했다. 당시에 이미 체스에서는 IBM의 딥블루라는 1세대 인공지능이 세계 1인자를 누른 상황이었으나, 대국이 시작하기 전까지도 인간이 기계에게 패배할 리 없다는 굳은 믿음이 지배적이었다. 바둑은 그 수의 한계가 무한한 게임이 아니던가? 체스와는 다르다. 하지만 최종 스코어, 4 대 1로 이세돌 9단의 완패였다. 이러한 결과는 한국인에게 충격과 공포에서 오는 불길함을, 또는 감탄과 전율에서 오는 호기심을 불러일으켰다. 오늘날 인간이 바둑으로 인공지능을 이길 수 없다는 것은 상식이 되었다.

지난 9월에 GPT-3(Generative Pre-trained Transformer 3)의 등장은 알파고와는 다른 차원의 놀라움을 일으켰다. 필자도 정확히 이해하지 못하는 기술적 부분(개발 방식과 학습한 데이터 세트)은 미루어 두고 GPT-3가 할 수 있는 일을 몇 가지 알아보자. 우선 GPT-3는 말로 설명만 하면 그것을 바탕으로 코드를 짜서 앱을 작성하고 홈페이지를 만들며 다양한 언어들의 동시통역하고 문학작품을 번역할 수 있다. 무엇보다도 뛰어난 텍스트 생성과 요약 능력을 자랑한다. 예를 들어 '부탁을 거절한다'라는 핵심적인 문장을 제공하면 해당하는 내용을 격식에 맞게 이메일을 작성할 수 있고 장문의 연설문을 한 문장으로 요약할 줄도 안다. 종합해 보면 2020년에 인공지능은 자유로운 주제(기존의 인공지능은 특정한 주제에 한정해서 대화가 가능했다.)에 대해 인간과 대화하는 수준에 접어들었다고 평가할 수 있다. 아마도 우리는 본격적인 인공지능 시대의 초입에 들어서 있는 듯하다.

인공지능 시대에 가장 각광을 받는 분야는 뜻밖에도 윤리학이다. 왜 첨단의 인공지능 시대에 그리스 시대로부터 비롯된 학문이 그 중요성을 인정받는 것일까? 인공지능 채팅봇 테이(Tay)가 사용자들과 대화하면서 학습한 인종차별적 언행 때문에 서비스가 중단된 사건이나 MIT 연구팀에서 개발한 인공지능 노먼(Norman)이 드러낸 사이코패스 성향은 인공지능의 개발에 윤리적 고려가 얼마나 중요한지를 보여 주는 예이다. 그렇다면 왜 인공지능은 윤리적 문제를 일으킬까? 그 원인은 인공지능이 편향된 데이터를 바탕으로 학습하기 때문이다. 성, 인종, 지역을 포함한 데이터의 편향성으로부터 인공지능의 결함이 시작된다. 인공지능은 죄가 없다. 인공지능이 학습하는 데이터, 즉 인간이 문제이다. 인공지능이 여성의 하이힐을 신발로 인식하지 못하는 예는 남성 중심의 사고를 대변하고 흑인을 범죄자 또는 고릴라로 인식하는 예는 뿌리 깊은 인종주의의 소산이다. 상대적으로 덜 알려진 편이지만, 언어의 지역적 편향성이 심각한 문제를 일으킨 사례가 보고된 바 있다. 윈터라이트 랩(Winterlight Labs)이라는 캐나다의 스타트업에서 청각적 신호로부터 알츠하이머병이나 파킨슨병을 진단하는 인공지능을 개발했다. 성능이 매우 획기적이어서 음성을 듣고 90%에 가까운 정확도로 진단을 내릴 수 있다고 한다. 단점이라면 데이터를 온타리오 지역에서 수집한 까닭에 온타리오 방언(물론 영어이다.) 사용자들만 진단이 가능하다는 점이다. 소소한 단점이라고 말할 수 있을까? 이와 유사한 데이터의 편향성 때문에 한국어 방언 사용자들이 인공지능의 혜택으로부터 소외될 가능성은 매우 높다. 인공지능이 방언을 이해하지 못한다고 부끄러워할 일이 아니다. 데이터 편향성을 극복하여 방언을 이해하는 인공지능을 개발하는 일은 개발자들의 윤리적 의무이다.

김진웅 _ 2020. 12. 10.

제4부

04 다시 볼 우리말, 언어 정책과 규범

공공언어 소통의 방정식

스마트그리드, 퍼블리시티권, 바우처, 수의시담, 우심해역, 잠제, 감용기, 폐수오니, 빈산소수괴…. 국민들은 이런 말들을 얼마나 잘 이해할 수 있을까? 이 용어들은 우리나라 행정기관이나 공공기관에서 사용하고 있거나 사용한 적이 있는 공공언어들이다.

공공언어란 좁게는 공공기관에서 국민을 대상으로 사용하는 언어로 공문서, 보도자료, 민원 서식, 법령, 게시문, 안내문, 설명문, 홍보문, 정책 보고, 대국민 담화 등이 있다. 넓게는 공공성을 띤 기사문, 계약서, 제품 설명서, 포스터, 광고, 간판, 현수막, 방송언어가 모두 포함된다. 우리나라 행정, 공공기관과 관련 단체에서 무분별한 외래어 사용, 어려운 한자어 사용, 외계어 수준의 신어 등 일상 언어와 동떨어진 표현을 사용하여 대국민 소통의 원칙을 지키지 않고 있다.

1980년대 영국에서는 플레인 잉글리시(Plain English) 운동을 전개하여 영어를 있는 그대로 쉽고 간단하게 표현하려고 노력했다. 이 운동을 벌이게 된 계기는 1979년 겨울, 영국의 리버풀에서 노부부가 집에서 동사한 사건 때문이었다. 언론이 그 사연을 추적한 결과, 어이없게도 해당 관청의 난방비 신청서류의 용어가 너무 어려워서 이를 이해하지 못한 가

난한 노부부는 결국 신청서를 작성하지 못하고 얼어 죽었다는 것이다.

이후 1996년에 쉬운 영어(Easy English) 운동이 전개되었고, 이 운동의 영향으로 2010년 미국에서는 '쉬운 언어 쓰기 법(Plain Writing Act)'이 제정되었다. 이런 노력으로 영국과 미국에서는 어려운 단어와 표현으로 작성된 많은 정부 문서들을 일반인들이 이해할 수 있는 수준으로 고치는 운동이 꾸준히 전개되고 있다.

우리나라도 법적인 체제가 마련되어 있고, 관련 기관도 꾸준하게 노력하고 있다. 2005년 문체부에서 제정한 「국어기본법」의 제14조에는 공공기관은 공문서를 국민들이 알기 쉬운 용어와 문장으로 써야 하며, 어문규범에 맞추어 한글로 작성해야 한다고 되어 있다. 또한 2014년 국립국어원에서 발간한 '쉬운 공공언어 쓰기 길잡이'를 보면 공공언어는 쉬운 어휘로, 간결하고 명료하게, 가능한 한 짧게, 권위적이지 않게 사용하고, 수동태나 외국어를 남용하지 말고, 번역투나 명사를 나열하는 표현은 사용하지 말아야 한다고 밝히고 있다. 우리나라의 경우는 이런 법적 기준을 잘 실천하는 노력이 필요하다.

2017년 전국 행정·공공기관에 국어책임관을 지정해야 한다는 「국어기본법」 제10조가 개정되면서, 현재 중앙행정기관에 1,587명과 지방자치단체에 243명으로 전국적으로 총 1,830명의 국어책임관이 임명되어 있다. 국어책임관의 주요 역할은 원활한 대국민 소통을 위하여 해당 기관에서 쉬운 공공언어의 사용할 수 있도록 실천하는 것이다. 그리고 문체부는 전국적으로 20여 개의 국어문화원을 지정하여 국민들이 윤택한 언어생활을 누리고, 공공언어를 올바르게 사용하는 것을 도와주고 있다. 학계에서는 2018년에 한국공공언어학회가 창립되었고, 2019년 5월

17일에는 '공공언어학의 새로운 출발을 위한 학술토론회'가 국회에서 개최되었다.

공공언어 소통의 방정식에서 '참'인 목표는 공공언어를 쉽고 바르게 사용하여 국민들이 언어생활을 좀 더 편하게 누릴 수 있는 권리를 보호해 주는 것이다. 공공언어 소통의 방정식을 잘 풀어내려면 관련 기관의 적절한 제도 마련과 국어책임관의 실천 의지, 국어문화원의 조력과 학계의 학술적 지원, 그리고 국민들의 관심이 필요하다. 이 같은 열쇠들이 다 함께 작동할 때 비로소 '참'이라는 목표를 얻을 수 있다고 생각한다.

공공언어에서 스마트그리드는 '지능형전력망'으로, 퍼블리시티권은 '인격표지권'으로, 바우처는 '이용권'으로, 수의시담은 '가격 협의'로, 오염우심해역은 '오염이 심한 해역'으로, 잠제는 '수중방파제'로, 감용기는 '압축기'로, 폐수오니는 '오염침전물'로, 빈산소수괴는 '산소 부족 물덩어리'로 바꿔 사용함으로써 국민들의 언어생활이 더욱 쉽고 편하게 이루어질 날을 기대해 본다.

김덕호_2019. 7. 4.

우리는 어떤 사전을 원하는가?

최근 한국어에 대한 세계적 관심이 드러나는 언론 보도 몇 가지가 우리의 관심을 끌었다. 『옥스퍼드 영어 사전(OED)』에 '한류, 먹방, K-드라마, 대박' 등 한국어 단어 26개가 실렸다는 것. 그런데 그중 '먹방'은 우리 사전에 포함되지 않았다는 언론의 보도도 있었다. 그 후, 『워싱턴포스트』지에서도 한국의 신어, '멍때리기(hitting mung)' 현상을 소개한 적이 있었는데, 여기서는 소위 '멍'을 갈구하는 한국 대중의 삶, 한국 사회의 경쟁과 코로나로 지친 대중의 일상을 '불멍, 숲멍, 물멍, 별멍' 등의 신어를 통해 상세히 소개하였다. 물론 해외 저널에도 언급된 '불멍, 숲멍, 물멍, 별멍', '멍하다'에서 온 것이 틀림없는 '멍' 역시 한국 사전에는 등재가 되어 있지 않다. 이러한 표현이 우리 사전에는 왜 없을까? 유행어일 수도 있는 이러한 표현들도 사전에 반드시 실려야 할까? 이러한 보도 내용들은 사전과 관련한 의문으로 자연스럽게 연결된다.

한 나라의 사전이 그 나라의 문화 수준을 의미한다는 것은 널리 알려진 사실이다. 그런데 과연 어떤 사전이 좋은 사전인지에 대한 정답은 그리 간단치 않다. 이에 대해서는 전문가들이 생각하는 이상적인 사전과 대중들의 의견이 다를 뿐만 아니라 전문가들끼리도 의견 일치를 보기 어렵다. 여기서는 이와 관련한 대표적인 쟁점, '규범성'과 '대중성'의 쟁점을 소개하기로 한다.

'규범성'은 사전이 얼마나 언어적 정답을 추구해야 하는 것인지와 관련이 있다. 완벽한 이분법은 어렵지만 사전이 대략 추구하는 방향은 규범사전과 기술사전의 양 극단의 스펙트럼 내에 있다. 즉 맞춤법과 표준어에 대한 사전이나 현실 언어 그대로의 사전이라는 양 끝 지점 사이에 여러 사전들이 존재한다. 이에 대한 하나의 정답은 없고, 실제 사전 편찬의 현장에서 전문가들의 견해도 다양하다. 현재 국립국어원의 『표준국어대사전』은 규범 사전을 표방하고 있으며, <우리말샘>은 사용자 참여형 기술 사전에 가깝다. 한때, 『표준국어대사전』에서 현재 복수 표준어인 '짜장면'과 '자장면' 중 '자장면'만을 표준어라고 명시한 것을 향해, 일부 언어학자들은 "짜장면이 자장면이라면, 짬뽕 대신 잠봉을 달라!"라며 현실 언어를 반영하지 못하는 사전을 비아냥거리기도 했다. '표준'이나 '규범'의 지나친 강조는 때로 현실 언어와의 지나친 괴리를 발생시킨다.

이와 유사한 쟁점으로 '대중성'의 쟁점이 있다. 이는 사전 표제어의 등재에 전문가와 대중의 판단을 어떻게 조화롭게 반영하느냐의 문제이다. 사전 편찬의 주체는 주로 전문가이지만, 사전의 이용자는 대중, 즉 언중이다. 스페인의 한 연구에 따르면, 특정 표현의 사전 등재 가능성에 대한 사용자와 전문가의 기대에는 상당한 간극이 있다. 대중들은 예상과 달리 사전에 대해 상당한 보수적인 시각을 가지고 있고, 구어체나 비규범적 표현이 등재되는 것에 대해 거부감을 가진다. 영국 『케임브리지 사전』에서는 신어의 등재에 앞서 사용자의 찬반을 묻는 설문이 있다. 2020년 신어 '코로나 이혼(covidivorce)'의 현재 사전 등재 의견으로, 찬성은

27%, 반대는 48%, 좀 더 지켜보자는 의견은 25%이다. 사전의 규범성이 강조되어 온 한국의 문화에서는 사용자의 선호도가 어떠할지 궁금한데, 분명 스페인이나 영국보다 더 보수적일 가능성이 높다. 언어현실과 규범, 전문가와 사용자의 인식, 이러한 요소들을 조화롭게 담아야 하는 사전은 종합 예술이다. 규범과 기술의 방향성과 정도성, 전문가의 정확한 기술과 사용자 인식과 관심을 고려한 사전이 필요하다.

남길임_2022. 3. 3.

국어책임관

공공언어의 원활한 소통은 국민을 위해 공공기관에서 지켜야 할 중요한 책무이다. 공공기관에는 국민과 소통하기 쉬운 공공언어의 사용을 주도하고 국어의 발전과 보전 업무를 총괄하는 국어책임관이란 직책이 있다. 이 직책은 소속기관의 국어 발전과 보전 업무를 총괄하고 기관에서 쉽고 바른 공공언어를 사용하도록 주도해야 한다.

국어책임관은 「국어기본법」 제10조에 규정되어 있다. 이 규정은 2017년에 국가기관과 단체장이 국어책임관을 지정해야 하는 것으로 개정되면서 전국적으로 중앙행정기관에 1,587명, 지방자치단체에 243명으로 총 1,830명이 직책을 맡고 있다. 대구만 해도 53명의 국어책임관이 있다. 「국어기본법」 시행령 제3조는 국어책임관의 지정과 임무에 관한 규정이다. 이 규정에 의하면 부서장급에 준하는 직위의 공무원을 국어책임관으로 임명해야 한다. 국어책임관의 임무는 기관의 정책을 국민과 잘 소통하기 위해 쉬운 용어의 개발과 보급 및 정확한 문장의 사용을 장려하는 일, 기관의 국어사용 환경 개선 시책의 수립과 추진 및 직원의 국어 능력 향상을 위한 시책의 수립과 추진 등으로 되어 있다. 구체적으로 살펴보면 다음과 같다. 알기 쉬운 용어의 개발은 전문용어 순화 자료집 발간이나 전문용어 순화 사례를 기관 누리집에 게시하고, 산하 소속기관에 공문으로 전달하여 사용을 권장한다. 정확한 문장의 사용 장려는 문장의 정확성 판단, 어문규범의 준수 여부와 비문의 발생을 점검하여 관리한다. 국어사용 환경 개선 시책의 수립과 추진의 경우는 국어 진흥 조례의 제정과 공공언어에 대한 개선사업, 언어 소외계층을 위해 언어환경을 개선하는 사업과 지역어를 보전하는 사업 등을 추진하는 것이다.

실천 사례로 충남도청의 '문화재 안내판 쉬운 말 풀이 사업'이나 울산시청의 '찾아가는 한글 교실 사업'이 있다. 또한 경남도청의 '경상도 방언사전 편찬 사업', 광주시청의 '아름다운 전라도말 자랑 대회', 제주특별자치도청의 '소멸위기 제주어 수집 사업' 등이 있다. 대구시는 2018년 10월에 '대구광역시 북구 국어문화 진흥 조례' 제정을 필두로 하여 그해 11월에 동구에서, 12월에 수성구에서 국어 진흥 조례를 제정했다. 이듬해 10월에는 대구광역시에서 제정하는 성과가 있었다. 특히 국어 관련 조례는 지역의 공공기관에서 국어문화 진흥을 위한 업무와 시정을 기획하고 추진하기 위한 길잡이의 역할을 하므로 제정의 필요성이 높다. 지자체에서 국어 진흥 조례를 제정하게 되면 지역의 주민들에게 바른 국어 사용 의지를 심어 주는 동시에 국어 진흥 사업을 추진하기 위한 기획과 예산 심의에 법적 근거를 마련할 수 있다. 대구시는 이를 실천하기 위한 법적인 토대를 마련했으므로 앞으로의 추진 사업이 기대된다.

경북대 한국어문화원에서는 매년 지역의 국어책임관들을 모셔서 국어문화 진흥을 위한 연수회를 개최한다. 이 자리에서 어떤 기관의 국어책임관이 국어에 대한 전문적인 지식이 부족하여 업무를 수행하는 데 어려움이 많다고 토로하였다. 국어책임관은 행정 관리자 중에 임명되는 직책이므로 국어 진흥이나 발전을 위해 전문적인 업무를 수행하는 데 한계가 있다. 이를 보좌하기 위해 국어 전문 인력인 국어전문관의 지정이 절실하다. 실제 대구시 동구의 국어 진흥 조례에는 국어전문관의 위촉과 운영에 대한 조항을 두고 있어서 관심을 끌고 있다.

국민들은 쉬운 행정용어로 되어 있는 공적 문서를 참고할 권리와 공공기관의 정책과 업무 처리 과정을 쉽게 이해할 권리가 있다. 이러한 국민들의 권리를 위해 국어책임관은 그 역할과 임무를 다해야 할 것이다.

김덕호 _ 2020. 6. 18.

한자어와 공공언어

우리 민족의 말글살이 역사는 대단히 험난했다. 오랫동안 이어 온 어려운 한자어의 사용과 근대 시기의 일본어 강요 및 해방 이후 많은 외래어가 범람하면서 건강한 말글살이가 위태로울 지경에 이르기도 했다. 최근 사회가 발달하면서 학술과 산업 분야의 전문용어가 전문가의 사용 범위를 벗어나 일상어로 사용되는 경우도 많아 소통이 더욱 어려워지기도 했다. 심지어 쉬운 공공언어의 사용에 앞서야 하는 공공기관에서조차 이해하기 어려운 말들을 무분별하게 사용하고 있어서 국민의 말글살이를 더욱 곤란하게 만들고 있다. 특히 어려운 한자어 사용이 큰 문제인 것 같다. 가각(街角) 지점, 감호(監護), 개가제(開架制), 게첩(揭帖), 번문(飜文), 부의(附議), 부작위(不作爲), 필(畢)하다, 허무인(虛無人) 등. 이런 말이 얼마나 이해되는지?

한국어에는 한자어가 매우 많으며, 그 기원도 다양하다. 우선 중국에서 비롯된 단어로 중심(中心), 천지(天地), 천성(天性), 타인(他人), 생명(生命), 풍속(風俗), 동물(動物), 식물(植物)은 오래전에 들어온 말이고, 십분(十分), 자유(自由), 용이(容易)는 현대 중국어 한자에서 비롯된 말이다. 중국에서 비롯된 한자어이지만 우리말로 귀화한 단어도 있다. 필(筆)에서

붓이, 묵(墨)에서 먹이, 상채(常菜)에서 상추가, 백채(白菜)에서 배추가 되었다. 그런데 한자어 중에는 일본에서 들어온 단어도 많다. 철학(哲學), 심리학(心理學), 미학(美學), 공학(工學), 우주(宇宙), 원소(元素), 입구(入口), 출구(出口), 할인(割引), 품절(品切), 엽서(葉書), 약속(約束), 직업(職業), 출산(出産), 고참(古參), 식비(食費), 간식(間食), 견학(見學), 고객(顧客) 등이다. 물론 한국에서 자생한 한자어도 많이 있다. 배달(配達), 사돈(査頓), 시댁(媤宅), 친정(親庭), 양반(兩班), 영감(令監), 총각(總角), 사주(四柱), 팔자(八字), 복덕방(福德房), 감기(感氣), 서방(書房), 도령(道令) 등이다.

이처럼 한국어의 70% 이상이 한자어일 정도로 그 비중이 높다. 그래서 국가에서는 1,800자의 한자를 가르칠 수 있도록 교육 범위와 내용을 정하고 있다. 그리고 2005년, 2010년, 2015년, 2020년에 실시한 국민의 언어 의식 조사에서 국민의 60% 이상이 1,800자 정도의 한자 교육이 적절하다고 대답하고 있다. 한자어를 잘 이해하는 것이 한국어 표현과 이해 능력을 높이는 지름길이라고 주장하는 사람도 있다.

하지만 난해한 한자어는 한국어를 어렵게 만드는 대표적인 문제점이기도 하다. 가각(街角) 지점은 모서리 지점을 뜻하며, 감호(監護)는 감독 보호, 개가제(開架制)는 자유롭게 책을 찾아볼 수 있는 제도를 말한다. 게첩(揭帖)은 붙임이라는 뜻이고, 번문(飜文)하다는 글자로 옮겨 쓰다란 뜻이다. 부의(附議)하다는 토의에 부치다란 말이고, 부작위(不作爲)는 소극적 대응 행위를 뜻한다. 필(畢)하다는 마치다란 뜻이고, 허무인(虛無人)은 실제 존재하지 않는 사람을 뜻한다. 그런데 이런 한자어가 공공기관의 공공언어에서 많이 사용되기도 한다.

이러한 어려운 한자어가 생활 속에서 많이 사용된다면 국민의 말글살이는 얼마나 힘들까? 2005년 문체부에서 제정한 「국어기본법」의 제14조에는 공공기관은 공문서를 국민들이 알기 쉬운 용어와 문장으로 써야 하며, 어문규범에 맞추어 한글로 작성해야 한다고 되어 있다. 이런 점에서 국가는 쉬운 한자어 쓰기를 포함한 공공언어 정책을 확산하고 국민들이 한국어를 쉽게 사용할 수 있도록 노력해야 할 것이다.

김덕호_2021. 9. 16.

수어는 독립된 언어이다

듣기나 말하기가 불가능한 농인들은 수어를 사용하여 의사소통한다. 수어에서는 손과 손가락의 모양(수형), 손바닥의 방향(수향), 손의 위치(수위), 손의 움직임(수동)에 따라 의미가 달라진다. 또한 표정이나 몸의 움직임과 같은 손 이외의 요소, 즉 비수지신호도 수어의 의미 전달에 중요한 역할을 한다. 가령 '맛있다'를 수어로 표현할 때 손의 모양과 위치, 동작뿐 아니라 얼굴의 표정도 의미에 영향을 미친다.(이것이 코로나 시대에도 수어 통역사가 마스크를 쓰지 못하는 이유이다.) 같은 손동작에 평범하게 미소 띤 표정일 때는 '맛있다.'라는 평서문이 되지만, 입을 'O' 모양으로 벌린 표정을 지으면 '맛있니?'라는 의문문이 된다.

국립국어원의 설명에 따르면 '한국 수어'는 '한국 수화 언어'를 줄인 말로서 한국어나 영어와 같은 독립된 언어라는 의미를 담고 있다. 한국 수어는 한국어를 그대로 손으로 표현한 것이 아니라 독립적 체계와 문법을 지닌 언어라는 뜻이다. 손동작을 사용하여 의미를 전달하는 행위는 수어에 국한되지 않는다. 사람들은 손가락 두 개로 '브이 자'를 만들어 승리의 순간을 축하하곤 한다. 이와 같은 행위를 제스처라고 부른다. 독립된 언어로서 인정되는 수어와 달리 제스처는 비언어적 의사소통으로 분류된다.

수어에 음운론, 형태론과 통사론에 해당하는 구조가 존재한다는 다양한 연구 결과는 수어가 독립된 언어임을 증명한다. 우선, 음성 단위의 자질들과 수형의 유사성은 일찍이 주목을 받았다. 음성 언어의 개구도는 발음할 때 입을 벌리는 정도에 따라 조음 방식을 분석하는 척도이다. 개구도에서는 'ㅍ'와 같이 입이 완전히 닫히는 자음의 폐쇄음부터 'ㅏ'와 같이 완전히 열리는 모음까지를 양극으로 하여, 그 사이에 마찰음, 유음 등의 여러 음소가 분포한다. 이와 마찬가지로 수어에서 수형은 주먹 모양으로 완전히 닫은 수형과 손바닥을 완전히 편 수형을 양극으로 하여 손바닥을 구부리거나 꺾은 형태의 수형이 그 사이에 분포한다. 수어의 형태론적 규칙으로 파생 현상이 널리 알려져 있다. 예를 들어, '맛있다', '관계있다'를 의미하는 어근 수어에 부정을 나타내는 의미의 접사로 손을 터는 동작이 결합되면 '맛없다', '관계없다'라는 파생어가 생성된다. 수어에는 통사적 특성도 나타난다. 앞서 살펴본 '맛있니?'의 경우처럼 의문문을 표시하기 위해 손동작이 아닌 비수지신호가 사용된다.

언어 습득 과정에서도 수어는 음성 언어와 상당한 유사성을 드러낸다. 수어를 사용하는 농인 부모를 둔 농인 아동의 수어 습득 과정에 대한 다수의 연구에 따르면, 수어를 배우는 농인 아동들은 음성 언어를 습득하는 아동들과 동일한 발달 단계를 거친다. 각각은 언어 습득 초기에는 쉬운 어휘나 문법 형식 등을 습득하고 발달이 진행될수록 고급의 언어를 사용할 수 있게 된다. 농인 아동은 수어를 시각적인 제스처 체계로 받아들이지 않고 형식적이고 구조적인 언어 체계로 이해하기 때문에 음성 언어 습득 과정에서 일어나는 실수와 유사한 실수를 저지른다. 형태론적 규칙을 일반화하여 적용한다든지, 부모들이 교정해 주는 형태를 무시한다든지, 화자와 청자를 가리키는 대명사를 혼동하는 등의 실수가 흔히 나타난다.

1960년대까지도 수어는 상징적이지 않고 시각적이기 때문에 언어로 인정하기 어렵다는 견해가 대다수였다. 시각적으로 구성된 수어는 정확성, 섬세함, 유연성 등이 부족하여 추상적 사고에 적절하지 않다는 이유에서였다. 이후 스토키를 비롯한 언어학자들의 다양한 연구를 바탕으로 수어는 독립된 언어로서 인정받게 되었다. 비언어적 의사소통에 속하는 제스처와 달리 수어에서는 언어적 의사소통에 해당되며 음운적, 형태적, 통사적 구조 및 억양과 같은 초분절적 요소에 해당하는 표지까지 확인할 수 있다. 손동작으로 이루어지는 수어와 동시에 입으로 제스처가 진행된다는 최근의 연구 결과도 수어의 언어적 특성을 재확인하는 중요한 증거이다.

김진웅_2021. 10. 28.

존댓말 과잉과 갑질 사회

•

"할인 적용되셨어요.", "이 메뉴는 주문이 안 되세요."

이 문장은 '할인, 메뉴'가 높임의 대상이 아닌데도 '-시-'를 붙여 말하는 것으로, 어법에 맞지 않는 표현이다. 특히 음식점, 카페, 백화점 등 접객업소에서 이런 사물 높임 표현을 흔하게 들을 수 있다. 이런 표현이 처음에는 어색하고 듣기 거북하더니 워낙 자주 들어서 그런지 이제는 별 느낌이 없을 정도이다. 사물까지 높이는, 그야말로 존댓말 과잉의 시대이다.

이 '-시-'는 문장의 주어가 되는 사람을 높일 때 동사나 형용사에 붙어 주어를 높여 주는 기능을 한다. 그러나 '손이 크시다', '걱정이 많으시다' 등과 같이 사물이더라도 주어의 신체나 심리, 소유물일 경우에는 존대 표현이 가능하다. 그래서 '할인 적용되셨어요.'와 같이 사물 주어에도 '-시-'를 이용해 높이는 것을 문법 오류로 보고 사용하면 안 된다고 하는 입장이 대부분이다.

그러나 다른 한편에서는 '-시-'의 남용을 문법 오류라기보다는 '-시-'의 용법 확장으로 보기도 한다. 존댓말의 사용 범위를 넓혀 손님이 대접받는다는 느낌을 들게 하고, 구매로 이어지게 하려는 전략에 의한 것이라고 보는 것이다. 즉 사물 존대 표현이 잘못된 표현임을 알고 있지만, '-시-'를 사용할 수 있는 범위를 넓혀, 상대방을 대접해 주는 대화상의 전략으로 사용한다는 것이다.

몇 년 전, 모 백화점의 직원들을 대상으로 바른 우리말 사용에 대해 강의한 적이 있었다. 그때 사물 높임 표현은 잘못된 것이니 사용하지 않는 것이 좋다고 했더니, 직원들도 그 표현이 잘못된 것을 알고는 있지만 이런 표현을 쓰지 않으면 고객을 덜 공손하게 대하는 것 같아서 쓸 수밖에 없다는 반응이었다. 오히려 어법에 맞는 표현이 무례한 말투처럼 느껴지기도 한다는 것이었다.

어떤 직원은 손님에게 "주문하세요."라고 말했다가 "니가 뭔데 나한테 주문하라, 마라야?"라는 폭언을 듣기도 했다고 한다. '주문하세요'라는 말이 '주문해 주세요', '주문하시겠어요?'보다 덜 공손할 수는 있지만 어법에도 맞고 전달하고자 하는 바도 정확하게 전달되는, 대화상 문제가 없는 표현이다. 그런데도 손님은 '주문하세요'라는 말을 무례하게 느끼고 언성을 높이는 상황까지 간 것이다. 이런 '갑질 손님'을 만날 수밖에 없는 상황이라면 서비스업에 종사하는 사람들은 최대한 공손하게 보이고, 손님을 대접해 주는 표현을 사용하려고 할 것이다. 이 때문에 높임 표현을 과도하게 사용하고, 이는 사물에까지 '-시-'를 사용하는 것으로 이어진다.

손님에 의한 갑질에 노출되어 있는 서비스업 종사자들의 상황을 고려하지 않고, 사물 존대표현이 문법에 맞지 않으니 쓰지 말라는 말만 반복한다. 그리고 어법에 맞지 않는 표현을 사용하는 책임을 서비스업 종사자들에게 돌린다. 그러나 서비스업 종사자들이 잘못된 표현인 것을 알고도 쓸 수밖에 없게 하는 우리 사회에는 책임이 없는 것일까? 손님은 왕이라는 인식에서 오는 그릇된 행동, 다른 사람 위에서 군림하고 대접받으려고 하는 갑질, 이런 것들이 우리 사회에 만연해 있기 때문에 과잉 친절, 사물 존대표현이 사용될 수밖에 없는 것은 아닌가?

언어는 사회를 반영하기 마련이다. 그래서 언어를 사회를 보여 주는 거울이라고도 한다. 사물 존대 표현은 현재 우리 사회에서 문제가 되고 있는 '갑질'의 반영일 수도 있다. 국립국어원의 <우리말샘>에서 '갑질'은 '상대적으로 우위에 있는 자가 상대방에게 오만무례하게 행동하거나 이래라저래라 하며 제멋대로 구는 짓'으로 정의되어 있다. 현재 한국 사회에서는 이런 갑질이 문제가 되어 연일 언론에 보도되고 있고, 일명 '갑질 방지법'을 만드는 상황이다. 서비스업 종사자들은 상대적으로 우위에 있는 손님들로부터 다양한 갑질을 경험한다. 이런 갑질이 사물에까지 존대 표현을 해야 하는 상황이 되도록 만든 것은 아닌가?

어법에 맞지 않는 표현을 쓴다고 비난하고, 사물 존대 표현을 남용하는 것의 책임을 서비스업 종사자들에게 돌리기 전에 우리는 그들에게 어떻게 대했는지 생각해 보자. 단순히 서비스업 종사자들의 책임이 아니라 우리 모두가 그런 표현을 쓰게 한 것은 아닌가 하고 말이다.

홍미주_2019. 11. 7.

성별 비대칭적 가족 호칭과 가족 문화

설이 얼마 남지 않았다. 명절이 되면 평소에는 왕래가 없던 친척들도 만나 대화를 하게 된다. 대화를 하다 보면 자연스럽게 다른 사람을 불러야 하는데, 이때 난감한 상황이 생긴다. 남편의 사촌동생을 '도련님', '아가씨'라고 불러야 하는데, 10대와 20대 초반의 사촌동생들을 그렇게 부르려니 입이 떨어지지 않는다. 그래도 그렇게 부르는 게 맞다 하여 '도련님', '아가씨'라고 불러 보지만, 마음속으로는 다음에는 말을 붙이지 말아야겠다는 생각을 한다. 나이가 훨씬 많은 내게 '도련님', '아가씨'라고 불린 사촌동생들도 얼마나 부담스러웠을까? 평소 왕래가 별로 없어 어색한 사이인데, 호칭 때문에 더욱 어색해졌다. 부르는 사람도 불리는 사람도 모두 불편하다면 이런 호칭에 문제가 있는 것은 아닐까?

그런데 여자의 경우에는 남편 쪽 가족들에게 나이가 어리더라도 '도련님', '아가씨' 하면서 존칭을 하지만, 남자들은 아내의 동생에게 '처남', '처제'라고 부른다. 그리고 '시댁(媤宅)', '처가(妻家)'라는 단어에서 보듯이, 시가는 '시댁'으로 높이고, 처가는 높이지 않는다. 성별에 따라 단어가 불균형하게 쓰이는 것이다. 시가 쪽 사람들만 높이는 성별 비대칭적인 가족 호칭은 과거의 남성 중심 가족문화에서 비롯된 것이다.

성별에 따라 호칭이 비대칭적인 것도 문제이지만 너무 존칭으로 불리는 것도 부담스럽고, 이런 부담스러움은 대화를 꺼리게 만들기도 한다. 그래서 한쪽만 높여 부르는 성별 비대칭적 가족 호칭을 개선해야 한다는 의견이 꾸준히 제기되어, 2019년에 여성가족부에서는 새로운 가족 호칭을 제안했다. 새로운 대체 표현 중 하나가 '도련님', '아가씨', '처남', '처제' 대신 '이름+씨' 또는 이름을 부르는 것이다.

부르던 호칭 대신 이름을 부르는 것이 처음에는 영 어색할 것 같다. 그리고 전통적으로 써 오던 호칭어를 없애는 것을 전통이나 한 가문의 관습을 무시하는 것으로 생각해 반감을 갖는 경우도 있을 것이다. 하지만 시대에 따라 언어 또한 바뀔 수밖에 없다. 그리고 언어적 표현으로 사고가 고착화되거나 강화된다면 인위적으로 바꿀 필요도 있다. 언어학자인 사피어와 워프는 언어가 인간의 사고를 규정한다고 주장했다. 우리들은 의식하고 있지 않지만, 언어 자체가 강제력이 있어 사람들의 경험과 사고방식을 규정한다는 것이다. 이에 대한 반론도 있으나, 언어와 사고가 서로 영향을 미치는 것은 분명하다. 성별 비대칭적인 가족 호칭어의 사용은 남성 중심의 가족문화를 강화할 수 있고, 이런 불균형적인 호칭어를 개선한 언어적 표현을 사용하는 것이 모두가 배려받고 평등한 사회로 나아가는 데 영향을 미칠 수 있을 것이다.

어떤 것이 옳고 그르다의 문제가 아니라, 누군가가 그 호칭 때문에 불쾌하고 불편하다면 전통이라도 대안을 마련하는 것이 필요하다. 전통이라서 예전부터 그렇게 사용해 온 것인데 굳이 대체 표현을 써야 하나, 굳이 정부가 나서서 호칭어를 개선해야 하나라고만 생각하기보다, 지금까지 써 왔던 성별 비대칭적인 가족 호칭에 문제의식을 가질 필요가 있다.

얼마 안 있으면 설이다. 다들 즐거운 명절을 보내면 좋겠지만, 시가 중심의 불평등한 가족 문화로 마음 상하는 경우도 많다. 서로 배려하고 평등한 명절 문화를 만드는 데도 가족 호칭이 영향을 줄 수 있다. 이번 설에 가족, 친척들을 부를 때 누군가 불편한 것은 아닌지 한번 더 생각해 보면 좋겠다. 이런 관심과 문제의식이 명절뿐만 아니라 평등한 가족 문화를 만드는 첫걸음이 될 것이다.

홍미주 _ 2020. 1. 16.

'혐오표현'에 갇힌 사회

인기 걸그룹의 한 멤버가 팬들과의 온라인 채팅에서 사용한 '웅앵웅'이라는 표현이 요 며칠 뜨거운 논란이 되고 있다. 최근 '웅앵웅'이 남성 혐오 사이트에서 사용되면서 '혐오표현'으로 인식되기도 하는데, 유명 걸그룹 멤버가 이 단어를 사용하자 '혐오표현' 논란이 일어난 것이다.

사실 이러한 '혐오표현' 논란은 언젠가부터 우리 사회에서 흔한 일이 되었다. 2010년대 초반 이후 특정 인터넷 커뮤니티들에서 여성, 성소수자, 장애인 등에 대한 적대적 감정, 비방, 폄하 등이 특정한 언어 형태로 사용되기 시작했다. '혐오표현'으로 지칭되어 온 그러한 언어 표현들이 특정 인터넷 커뮤니티 내에서뿐만 아니라 일상 언어로 확대, 재생산되면서 '혐오표현'은 사회적 문제로 부각되었다.

필자가 일상생활에서 가장 흔히 접하는 '혐오표현'은 '맘충'이라는 말일 것이다. 친구들의 모임에서 '맘충'을 자주 듣게 되는데, 모임에 아이와 함께 나온 친구들은 아이가 소리를 지르거나 음식을 쏟으면 주변을 의식하면서 "'맘충' 소리 들을까 봐 겁이 난다."라고 말하곤 한다. '맘충'은 엄마를 뜻하는 '맘(mom)'에 '벌레 충(蟲)'을 붙여 예의 없고 남들에게 피해를 주는 엄마를 지칭하는 '혐오표현'이다. '맘충'이라는 말이 널리 사용되면서 아이를 가진 친구들 중 몇몇은 공공장소에 아이와 함께 가는 것 자체를 부담스러워하거나, 모임 장소를 정할 때 좋아하던 카페와 식당이 아닌 본인의 집을 선호하게 되었다. 차별적인 현실과 사회적 배제 속에서 '혐오표현'에 대항하기보다는 침묵과 수용을 택한 것이다. 이는 '혐오표현'에 갇혀 버린 우리 사회의 한 모습을 보여 준다.

이렇듯 '혐오표현'은 특정 대상에 대한 우리 내부의 편견, 혐오를 분출시켜 표현함으로써 밖으로 드러나게 하는데, 이러한 '혐오표현'이 지속적으로 사용되고 확대, 재생산되면서 '혐오표현'이 보내는 메시지가 차별과 적대를 조장하고 선동할 수 있다. '혐오표현'이 차별을 조장하는 것에서 나아가 물리적 폭력, '혐오범죄'로 이어질 수 있음을 보여 주는 사건들도 발생하고 있다. 이제 우리는 이 '혐오'의 시대를 그대로 두고 볼 수만은 없다. 우리 모두가 '혐오표현'의 심각성을 인지하고, 또 다른 차별과 폭력으로 이어지기 전에 의식적으로 특정 대상에 대한 편견, 적대적 감정, 증오 등을 존중과 이해로 바꾸고자 하는 노력을 해야 한다. 또한 표현의 자유를 침해하지 않는 '혐오표현' 규제 방안 마련, 소수자에 대한 인식 개선 교육 등 사회적 차원에서의 장치도 필요하다. '혐오'의 시대에서 나도 언젠가 '혐오표현'의 공격 대상이 될 수 있다는 막연한 두려움 속에서 살고 싶지 않다면, 모든 개인과 집단이 존중받는 차별 없는 사회가 되기를 바란다면, 지금 당신이 사용하는 '혐오표현'부터 멈추어 보자.

김수정_2020. 1. 9.

혐오의 언어, 차별의 언어, 맥락의 언어

어린이날을 맞이하여 한 NGO에서 발표한 성명이 화제다. 아동 권리 실현을 추구하는 이 단체가 주장한 요지는 다음과 같다. 원래 '어린이'는 '아동을 어른과 같이 독립적인 존재'로 대우하는 뜻에서 사용된 단어였으나 최근에 '○린이'라는 신조어는 어린이를 '미숙하고 불완전한 존재로 보는 차별의 언어'로 쓰이고 있다. 따라서 '○린이'와 같은 차별의 언어의 사용을 중단하는 것이 마땅하다는 것이다. 사실 성명이 발표되기 이전에 온라인을 달군 흥미로운 사건이 있었다. 지난달 23일부터 서울시 산하기관인 서울문화재단이 어린이날을 맞이하여 벌인 캠페인이 발단이었다. '첫 도전을 시작하는 우리는 모두 어린이'라는 취지로 '○린이날' 행사를 진행한 것이다. 나이와 상관없이 첫 도전과 새로운 취미를 시작하는 '○린이' 인증 사진을 올리면 추첨을 통해 경품을 지급하는 행사였다. 이 행사에 대해 일부 누리꾼들은 '○린이'라는 표현이 어린이에 대한 혐오나 차별을 드러내는 표현이므로 사용하지 말아야 한다고 강하게 반발하였고 이 캠페인은 예정보다 이른 시점에 중단이 되었다.

근래 '○린이'라는 표현을 자주 접하게 된다. '주린이(주식+어린이)', '부린이(부동산+어린이)', '코린이(코인+어린이)' 등 많은 쓰임이 재테크와 밀접히 관련된다. 대부분의 경우에 '린이' 대신에 '초보'라는 단어로 교체가 가능하다. 월급을 받아서 내 집 마련이 어려운 시대에 너도나도 자산을 불리기 위해 나서는 세태가 반영된 것이라 짐작해 본다. 앞서 언급한 NGO의 성명서나 서울문화재단의 캠페인에 대한 누리꾼들의 반응은 우리 사회에서 언어에 대한 '정치적 올바름'에 대한 감수성이 과거에 비해 뚜렷이 성장했음을 보여준다. '정치적 올바름'은 인종, 종교, 성 등의 구분에 의해 차별받는 일을 반대하는 입장이다. 최근에 모 정치인이 '외눈박이'라는 표현을 사용하자 이것이 장애인에 대한 편견을 드러내는 표현이기 때문에 적절치 못하다는 반박이 나온 사례가 '정치적 올바름'에 입각한 논쟁에 해당이 된다.

'○린이'를 혐오나 차별의 관점에서 생각해 보자. '○린이'가 혐오표현에 해당이 되는가? 이에 대해서는 비교적 뚜렷한 대답이 가능하다. 혐오표현은 사회적 약자인 소수자를 대상으로 드러내는 공개적 멸시, 공격적 태도, 차별적 괴롭힘, 선동 등의 형태로 나타난다. '○린이'라는 표현 자체는 어린이를 하나의 집단으로 간주하고 그들을 공격하고자 하는 의도와는 전혀 관련이 없다. 여러 커뮤니티에서 이루어진 논의처럼 '○린이'가 '미숙하고 불완전한 존재'를 가리키기보다는 '성장 가능성과 잠재력이 있는 존재'를 가리키는 표현으로 쓰이는 것이라는 주장도 얼마든지 가능한 것이다. 따라서 '○린이'를 혐오표현이라고 규정할 근거는 없다. 그렇다면 '○린이'는 차별적 표현에 해당이 되는가? 타인에 대해 부정적인 판단을 포함한 표현을 차별적 표현이라고 규정한다면 상당히 복잡하고 미묘한 양상이 전개된다. 여기에서 판단의 준거가 되는 핵심적인 요인은 어린이를 향한 사회적 맥락이다. 우리 사회의 구성원들이 '어린이'를 사회적 요구를 충족시키지 못하는 미숙한 존재로 인식한다면 차별의 언어로 인식될 수 있으나 새롭게 시작하는 잠재력이 무한한 존재로 인식한다면 차별의 언어에 해당되지 않을 것이다. 말하는 사람이 스스로를 '○린이'라고 지칭한다면 큰 문제가 아닐지라도 타인을 향해 그리 부른다면 문제의 소지가 생길 만하다. 결국 문제는 '○린이'가 아니라 '어린이'다. 우리가 아이들을 독립된 존재이자 사랑하는 대상으로 받아들인다면 모두 사라질 시빗거리이다.

김진웅_2021. 5. 13.

‘카톡해’ 시대 화자들의 언어

요즘은 직접 만나 대화하거나 음성으로 전화 통화를 하는 경우보다 카카오톡 등의 모바일 메신저 앱을 통해 대화하는 경우가 일반적인 것 같다. 모바일 메신저 앱 중 카카오톡은 2019년 4분기 기준 한국 모바일 메신저 시장의 96%를 차지하고 있고, 국민의 95% 이상이 모바일 메신저 앱으로 카카오톡을 사용하고 있다. 그래서 ‘전화해’나 ‘문자해’라는 말보다 ‘카톡해’가 더 자연스러울 정도이다.

카카오톡 대화는 문자로 이루어지지만 일상 대화하듯이 대화가 이루어지기 때문에 입말과 글말의 특성을 모두 가진다. 그러나 기본적으로 문자로 이루어지는 대화이기 때문에 면대면 대화와는 차이가 있다. 면대면 대화에서는 상대방의 표정이나 몸짓, 억양이나 소리의 높낮이 등을 통해 상대방의 감정이나 숨겨진 의도, 전달하고자 하는 의사를 파악할 수 있다. 그러나 카카오톡 대화는 문자나 기호로 이루어지기 때문에 표정, 억양 등 감정이나 숨겨진 의도를 파악할 수 있는 언어적인 표현들의 도움을 받을 수가 없다. 예를 들어, 상대방에게 부탁을 하는 경우, 면대면 대화에서는 “해 줘.”라는 말을 할 때 부드러운 표정과 목소리로 말하면서 문장의 끝을 조금 길게 빼는 방식으로 친밀하면서도 부드럽게 요청의 의사를 표현할 수 있다. 반면 문자로 이루어지는 카카오톡 대화에서는 '해 줘'라고만 하면 상대방이 너무 강하게 요구하는 느낌을 받을 수도 있고, 상대방이 무례하다고 느낄 수도 있는 것이다. 특히 친밀하지 않은 관계에서는 상대방에 대한 정보가 없기 때문에 더욱 그렇다. 그렇기에 카카오톡 대화에서는 상대방에게 자신의 감정을 잘 전달하고 친밀감을 표현하면서 부드럽게 의사를 표현하려고 하는 다양한 장치들을 사용하게 된다. 그런 장치로 흔히 물결 표시(~)를 문장 끝에 붙이거나 웃는 모습을 나타내는 '^^' 등을 쓴다.(세대나 성별, 대화상황에 따라 사용하는 장치는 다양할 수 있다.) 그리고 다양한 이모티콘을 사용하기도 한다.

이런 기호나 이모티콘 외에도 문장 끝에 'ㅁ, ㄴ, ㅇ' 등의 소리를 첨가하여 부드러움과 친밀감을 표현하기도 한다. '나한테도 알려 줭', '다음에 만나욤', '주말 잘 보내세욘'과 같이 문장 끝에 울림소리를 첨가하는 것이다. 'ㅁ, ㄴ, ㅇ'은 소리를 만들 때 콧속을 울려 나는 소리라서 음성적으로 부드러운 느낌을 줄 수 있다. 여러 조사에 따르면 남성보다 여성이 'ㅁ, ㄴ, ㅇ'을 자주 첨가하는데, 이런 소리들이 귀여움, 친밀감, 부드러움을 표현할 수 있기 때문이라고 한다. 그리고 '네'를 '네에', '좋다'를 '좋다아'와 같이 쓰는, 같은 모음을 반복적으로 쓰는 경우도 있다. 이 경우 또한 여성들의 카카오톡 대화에서 많이 관찰되는데, 이는 문장 끝을 조금 늘이는 여성 특유의 억양을 반영하면서, 친밀한 대화 분위기를 만들기 위한 것이다.

이 글을 보고 '나는 문장 끝에 'ㅁ, ㄴ, ㅇ' 안 쓰는데, '네에'라고 길게 쓰지도 않는데 친밀한 분위기를 만들기 위해 나도 이렇게 써야 하나?', '저렇게 쓰는 건 틀린 것 아닌가?' 이렇게 생각할 수도 있겠다. 그러나 이런 표현들을 쓰라는 것은 아니다. 상황에 따라 사람들이 성공적인 대화를 위해 사용하는 여러 방법들이 있을 수 있고, 그 방법들 중의 하나가 위에서 언급한 방식이라는 것이다. 규정에 맞지 않고, 어색한 표현이라고 하더라도 그 속에는 여러분들과 대화를 잘해 보겠다는 상대방의 의도가 담겨 있음을 이해하면 좋겠다.

홍미주_2020. 8. 13.

호상(好喪)입니다

날씨가 추워지니 문상(問喪)을 갈 일이 부쩍 많아진다. 얼마 전 지인의 부친상을 다녀온 적이 있다. 선대인(先大人)의 연세가 여든여덟이었고, 중병으로 병원 신세를 크게 진 적도 없다고 했다. 소위 호상(好喪)이라고 할 만했다. 문상객을 대접하는 자리에 상주가 잠시 인사하러 왔다. 그런데 옆 탁자에서 호상(好喪)이라는 말이 잠깐 흘러나오자 상주의 얼굴이 다소 어두워지는 것 같았다. 고인이 고령이었으니 얼마 전만 해도 호상(好喪)이라는 말을 들을 만도 했다. 통상 호상(好喪)이라는 말은 돌아가신 분이 천수(天壽)를 다한 경우에 문상객끼리 할 수 있는 표현이고, 상주에게는 직접 사용해서는 안 되는 말이라고 『표준언어예절』(국립국어원, 2011)에 나와 있다. 그런데 백세 시대를 맞이하는 요즈음은 여든여덟이라면 호상(好喪)이라는 말을 붙이기가 조금 아쉬운 감도 있을 것 같았다.

그 자리에서 문상하러 갔을 때 위로의 말이나 상주의 답례 말을 어떻게 해야 하는지에 대한 이야기가 나왔다. 보편적으로 세계 여러 나라의 문화에서 상례(喪禮)는 중요한 관혼상제(冠婚喪祭) 중의 하나이다. 특히 동방예의지국인 우리나라의 상사(喪事)에 관한 예법에는 상례의 진행 절차와 사용 말이 아주 섬세하게 구분되어 있다. 그럼에도 불구하고 요즈음 사람들은 문상을 가서 어떤 말을 해야 하는지 분명하지 않아서 망설인다고 했다. 이런 언어 예법에 대한 기준도 『표준언어예절』에 잘 나와 있지만 제대로 알려지지 않고 있다는 생각을 하게 되었다.

문상은 고인에게 예를 올리고 유족을 위로하는 일을 통칭하는 표현이다. 하지만 예전에는 이 말도 구분해서 사용했다. 문상과 관련된 말 중에 조문(弔問) 혹은 조상(弔喪)이 있고, 조위(弔慰) 혹은 위문(慰問)이라는 용어도 있다. 조문은 '상주에게 위로 인사를 하는 것'을 뜻하는데, 조문, 조상은 부모상이나 승조상(承重喪: 상주가 고인의 손주인 경우), 남편상에만 쓸 수 있고, 조위, 위문은 부인상, 형제상, 자녀상 그리고 승조상이 아닌 조부모상에서 사용하는 말이다. 하지만 요즈음은 모든 경우에 문상이라는 말로 대신할 수 있다.

전통적으로 문상객은 상주를 위로하는 말을 구분하여 사용했다. 부친상에는 '대고(大故) 말씀을 무어라 여쭙겠습니까?' 모친상에는 '상사 말씀을 무어라 여쭙겠습니까?' 남편상에는 '천붕지통(天崩之痛)이 얼마나 크십니까?' 부인상에는 '고분지통(叩盆之痛)이 오죽하겠습니까? 형제상에는 '할반지통(割半之痛)이 얼마나 크십니까?' 자식상에는 '서하지통(西河之痛) 혹은 참척(慘慽)으로 얼마나 황망하십니까?'로 구분하여 조문(弔問)을 전했다. 하지만 요즈음은 보통 '삼가 조의를 표합니다.', '고인의 명복을 빕니다.', '얼마나 슬프십니까?', '뭐라 드릴 말씀이 없습니다.' 등을 사용한다. 하지만 부모상에서 상주가 나이가 좀 든 분이라면 '얼마나 망극(罔極)하십니까?'를 사용하는 편이 좋다고 한다. 상주의 입장은 죄인이므로 답을 해서는 안 된다고 보는 것이 전통 예법이라고 한다. 하지만 말을 해야 한다면 '고맙습니다.', '드릴 말씀이 없습니다.', '올릴 말씀이 없습니다.' 등으로 답례를 표하면 된다.

그런데 『표준언어예절』에는 어느 경우이든지 아무 말을 하지 않고 인사만 하는 것이 기본예절이라고 되어 있다. 만약 현재 기본예절을 따라서 말을 사용하지 않는다면 언젠가 전통적인 상례의 말은 없어질 것이다. 그러므로 위로가 절실한 자리에서 말 한마디 하지 않고 넘어가는 것도 너무 아쉬우니 예법에 맞는 말을 적절히 사용하는 것이 나름대로 의미가 있다고 본다. 그리고 기왕에 위로의 말을 하려면 말뜻을 제대로 알고 바르게 사용하는 편이 좋겠다.

한 나라에서 전통적으로 이어지는 특별한 예절 언어는 중요한 언어문화 자원이다. 그런데 이런 말들도 사용하지 않으면 곧 소멸되어 버릴 가능성이 있다. 전통의 문화와 풍습을 담고 있는 말들이 수명을 다하여 다른 말과 자리바꿈을 할 때도 자연스럽게 이루어졌으면 좋겠다. 말하자면, 전통적으로 사용하던 말들이 없어지는 것도 호상(好喪)이었으면 한다.

김덕호_2019. 11. 21.

'숙맥'이든 '쑥맥'이든

숙맥, 쑥맥. 어떤 것이 맞는 표기일까? 표기법에 맞는 단어는 '숙맥'이다. '숙맥'을 사전에서 찾아보면 동음이의어로 '宿麥(숙맥)'과 '菽麥(숙맥)'이 나온다. 이중 우리에게 익숙한 '숙맥'은 뒤의 '菽麥'이다. 앞의 '宿麥'은 보리를 다르게 이르는 말이다. 자장면보다는 짜장면처럼 '쑥맥'이 입에 더 붙는 느낌이다. 하지만 아무리 내가 '쑥맥'이 마음에 든다 해도 사전에서 '쑥맥'을 찾으면, 규범 표기는 '숙맥'이고 표준 발음도 [숭맥]이라고 단호하게 설명하고 있다.

구글에서 22년 2월 21일 기준으로 '쑥맥'을 찾으면 135,000여 개의 사용례가 나오고, '숙맥'을 찾으면 236,000여 개의 사용례가 나온다. 그 사용 내역을 세세히 밝혀 볼 수는 없으나 적어도 101,000여 개만큼은 인터넷 사용자들이 '숙맥'을 정확하게 사용하고 있다고도 할 수 있겠다.

언제부터 우리가 '숙맥'을 '쑥맥'과 혼동하기 시작한 것일까? 필자가 가진 자료에서 검색되는 가장 오래된 '숙맥'은 18세기에 한문을 한글로 번역한 책(언해)에서 보이는 '슉믝'이다.

… 동셔를 아지 못하며 슉믝을 분변치 못ᄒᆞᆫ 즉 엇지 부언을 지어낼 리

이시리오(『명의록 언해』, 1777)

원문의 앞 내용은 생략하였다. 인용에서 생략한 주어가 너무나 어리석어 동과 서를 알지 못하고, 콩과 보리도 구분하지 못하니 말을 지어낼 리가 없다는 뜻이다. 그러다 19세기 『제국신문』에 와서 현대어와 같은 '숙맥'을 만날 수 있다. "윤씨는 사위 숙맥 불변이더라."(『제국신문』, 1898) 이 예처럼 원래 '숙맥'은 사자성어인 '숙맥불변(菽麥不辨)'에서 온 말이다. 이는 1880년에 발간된 『한불자전』이나 1897년에 발간된 『한영자전』에서도 찾을 수 있다. 이후 20세기부터는 "너 같은 숙맥(菽麥)더러 그런 말을 하는 내가 그르지.(현진건, 「술 권하는 사회」, 1921)"라고 상대방이 '숙맥' 임을 한탄하는 말이나 "숙맥이 그걸 모르고 점순이의 키 자라기만 까맣게 기달리지 않었나.(김유정, 「봄봄」, 1935)"라고 놀리는 말도 만날 수 있다.

이렇게만 봐도 '쑥맥'은 설 자리를 잃는다. 아마도 말할 때 청각적인 인상을 강하게 하기 위해 단어의 어두음인 'ㅅ'을 '된소리화'하다가 생성된 단어가 '쑥맥'이었을 것이다. '숙맥', '쑥맥'과 관련 있는 표준어 규정의 기본적인 입장은 잘못된 된소리 발음은 표기에 반영하지 않고 원래 형태대로 쓴다는 것이다. 그러니 '숙맥'이 옳은 표기이다.

이상과 같이 처음 이 글의 출발은 '숙맥을 바르게 쓰자.'였다. 그런데 '숙맥'을 어떻게 사용하는지 조사하다가 인터넷의 어떤 게시판에서 '쑥맥이 뭐야?'란 질문을 보았다. 이런…, '숙맥'이든 '쑥맥'이든 이 단어의 존재조차 모르는 사람이 있는 것이다. 생각해 보니 당장 필자만 해도 '숙맥'이란 단어를 쓴 지 오래되었다. 이러다 보면 '쑥맥'의 자리가 '짜장면'처럼 넓어지기 전에 '숙맥'이든 '쑥맥'이든 둘 다 사라질 수도 있겠다는 생각이 든다. 당장 김유정의 「봄봄」을 읽거나 공부하지 않음 직한 초등학생에게 '숙맥'이나 '쑥맥'이 무슨 뜻인지 물어보면 뭐라고 대답할지 궁금하다. 이렇게 시험으로 공부해야 살아남을 말들이 많아졌다. 요즘은 바른 표기법이 무엇이냐를 이야기하기 전에 먼저 살려 쓸 우리말을 찾아 쓸 노력부터 해야겠다는 생각이 든다.

안미애_2022. 2. 24.

'뭉티기'를 표준어로?

우리나라는 국가 차원에서 표준어를 관리하는 소수의 국가 가운데에 하나이고 표준어를 관리하는 기관은 국립국어원이다. 국립국어원에서 관리하고 있는 『표준국어대사전』에 등재되는 어휘는 표준어로 인정받는 셈이다. 표준어를 결정하는 과정은 종종 논란을 일으키곤 한다. 표준어로 제정되는 과정에서 가장 화제를 불러일으킨 어휘는 아마도 '짜장면'이 아닐까? 어원이 중국어에서 왔다는 이유로, 외래어 표기법에 따라 '자장면'만이 표준어로 인정받은 세월이 상당하다. 그 기간 동안 많은 사람들은 아비를 아비라 부르지 못하는 홍길동의 처지에 견주며 '짜장면'을 '짜장면'이라 부르지 못한다고 한탄하곤 했다. 지난 2011년에 '자장면'과 더불어 '짜장면'이 표준어로 인정받으며 그동안의 불필요한 논란은 해소되었다. 유사한 사례로 최근에 표준어로 인정받게 된 '랍스터'도 있다.

이와 같은 논란이 벌어지는 이유는 무엇일까?(일단 표준어를 꼭 국가가 관리해야 하느냐라는 근원적인 문제는 미뤄 두기로 하자.) 표준어는 언어의 현실을 반영하는 데에 목적이 있는 것이 아니라 언어 사용의 편의성을 높이는 데에 목적을 두고 있다는 점에서 원인을 찾을 수 있다. 마치 사고의 위험성을 회피하기 위해 교통신호를 지정하듯이 언어 사용의 혼란을 회피하기 위해서 임의로 결정된 체계가 표준어인 것이다. 그런데 최근에 표준어에 언어 현실을 반영해야 한다는 의식이 커지면서 기존의 표준어의 규정을 비판하는 목소리가 높아지게 되었다. 비판을 수용하는 방편으로 복수의 표준어를 인정하는 사례들이 늘어나게 되었다. 표준어의 규정과 언어 현실의 타협점이 바로 복수 표준어인 것이다.

표준어가 언어 현실을 반영해야 한다는 문제의식은 기존에 방언으로 분류되었던 어휘들에 대해서도 새로 검토해야 할 필요성을 불러일으킨다. 원래 '멍게'는 경남 지방의 방언으로, '우렁쉥이'는 표준어로 사전에 등재되어 있었으나 현재는 '멍게'와 '우렁쉥이' 모두를 표준어로 인정하고 있다. 국립국어원의 표준어 규정에서도 기존에 방언으로 쓰이던 어휘가 세력을 얻어 널리 쓰이게 되면 표준어의 자격을 얻게 된다고 해설하고 있다. 『표준국어대사전』에 등재되어 있지는 않지만 '과메기'나 '간제미' 역시 표준어로 인정될 만하다. 이들 어휘들은 모두 지역에서 사용되던 식재료가 전국적으로 퍼져 나가면서 표준어로 인정될 만큼 널리 알려지는 과정을 겪었다.

오래 기다리셨다! '뭉티기'를 제목으로 삼아 놓고 이제야 '뭉티기'를 등장시키는 무례를 범하고 말았다. 누군가에게 전주가 비빔밥의 도시라면 나에게 대구는 '뭉티기'의 도시이다. 붉은 빛이 도는 차진 날고기를 다진 마늘과 고추, 그리고 참기름이 섞인 양념장에 찍어 먹는 맛은 대구 이외의 도시에서는 결단코 맛볼 수 없는 진미이다. 연로하신 가게 사장님이 서울 사람들이 '뭉티기'만 먹으러 KTX 타고 다녀간다고 자랑삼아 풀어 내시는 말씀에 절로 고개가 끄덕여졌다. 그렇다, 최근에 '뭉티기'는 전국적으로 지명도를 높여 가고 있는 것이다. 하지만 앞서서 이야기한 방언의 표준어화라는 관점에서 보면 '뭉티기'는 아직 충분한 세력을 얻었다고 볼 수는 없다. 안타깝게도 비빔밥은 누구나 즐기는 음식이지만 '뭉티기'는 아저씨들의 음식이다. 그런데 '뭉티기'가 향후에 표준어로 인정받을 수 있다는 희망이 조금은 엿보인다. 현재 육류를 생으로 섭취하는 음식으로 사전에 등재되어 있는 어휘는 아마도 '육회'가 유일한데, '소의 살코기나 간, 처녑, 양 따위를 잘게 썰어 갖은양념을 하여 날로 먹는 음식'이라는 설명이 '뭉티기'와는 다른 음식임을 확인해 준다. 우리는 결혼식장 뷔페에서 육회를 먹지 '뭉티기'를 먹진 않는다. 뭉티기와 유사한 음식을 가리키는 어휘로 '생고기'나 '육사시미' 등이 있지만, '생고기'는 식자재로의 의미가 두드러지고 '육사시미'는 일본어에서 유래했기에 순화의 대상이 될 가능성이 높다. 남은 표준어 후보는? 당연히 '뭉티기'이다. 언젠가는 말이다.

김진웅_2019. 5. 23.

'본인상'과 '사글세'의 추억

'본인상'이라는 표현을 들어 본 적이 있으신지? 신문이나 사내 게시판에 '모모 제약 자금부장 이 아무개 본인상'과 같은 형식의 부고에 종종 등장한다. 이 정도면 무슨 의미인지를 대충 짐작하시리라 믿는다. '사망', '별세', '영면', '서거', '작고' 등 죽음에 관한 참 다양한 표현들이 있다. 그런데 최근에 '본인상'이란 단어가 이 리스트에 추가되었다.

사람과의 인연과 마찬가지로 단어와의 인연도 뜻밖의 일을 계기로 맺어질 때가 있다. 얼마 전 대학에서 교편을 잡고 있는 친구에게서 한 통의 전화를 받았다. 이메일로 문서를 하나 보낼 터이니 혹시 문제가 있을 만한 내용을 확인해 주기를 부탁한다는 것이다. 일단 알았노라고 답을 하고 메일함을 열었더니, 메일에는 한글 문서 하나가 첨부되어 있었다. 문서의 제목은 "'본인상'이라는 말의 문제점"이었다. 장장 여섯 페이지에 달하는 내용의 요지는 다음과 같다. '상(喪)'이란 본래의 의미가 살아 있는 사람이 고인을 위해 치르는 의식을 이르는데 이미 고인이 된 사람이 자신의 '상'을 치를 수는 없다. 즉 '상'을 '사망'과 혼동해서는 안 된다. 현재 국립국어원에서 관리하고 있는 <우리말샘>의 '본인상'의 풀이, '당사자의 상사(喪事)를 이르는 말'은 '상(喪)'의 의미와 상충이 된다. 또한 '온라인가나다'라는 한국어 관련 상담 코너에서 "'본인상'이라는 표현이 허용된다."라고 답변한 내용도 문제가 있다. 이 문건은 국립국어원에 보내는 일종의 청원서인 셈이다. 참 바른 말이었다. '본인상'이 가능하려면 죽은 사람이 스스로 수의를 입고 염을 한 후에 관으로 들어가야 할 판이다. 이것이 가능하냔 말이다.

시종일관 '본인상'의 문제점을 조목조목 따진 문서를 읽어 나가는 동안 내 입가의 웃음은 사라졌다. 이것이 간단한 문제가 아님을 깨달았기 때문이다. 조금 거창하게 이야기하자면 '본인상'에 관한 판단은 표준어 결정에 있어서 현실적 언어 사용 양상과 언어 사용의 정확성 가운데에서 어느 편을 우선할 것이냐는 입장과 관련이 있다. 현실 언어 사용을 표준어의 기준으로 삼은 대표적인 예는 '사글세'를 들 수 있다. 1988년에 "어원에서 멀어진 형태로 굳어져서 널리 쓰이는 것은 그것을 표준어로 삼는다."라는 표준어 규정이 도입된다. 이 규정 덕분에 기존에 표준어로 인정받던 '삭월세(朔月貰)' 대신에 '사글세'가 표준어의 지위를 획득하게 되었다. 비록 한자어에서 온 어원(삭월세)이 확인 가능하더라도 널리 사용하는 형태(사글세)가 존재한다면 그것을 표준어로 삼겠다는 것이다. 물론 '본인상'은 현실 발음이 단어 형태를 변화시킨 경우에는 해당하지 않지만 언어를 사용하는 대중들이 '상(喪)'의 원래 의미를 인식하지 못하고 사용하고 있다는 점에서는 '사글세'와 유사한 성격을 띤다.

국립국어원의 답변은 과연 무엇인지 궁금하지 않으신지? 최근에 온라인가나다에서 '본인상'에 대한 답변을 확인해 보니 다음과 같은 안내 문구가 추가되어 있었다.

"'홍길동 본인 상'은 의미적으로 부적절합니다. '상(喪)'은 '상중(喪中)

에 있음'을 뜻하고 '상중(喪中)'은 '상제의 몸으로 있는 동안'을 뜻하는데, 홍길동이 죽은 경우에는 본인이 상제의 몸으로 있을 수 없기 때문입니다. 다만, 현실적으로는 홍길동의 할아버지가 돌아가신 경우 '홍길동 조부 상', 할머니가 돌아가신 경우 '홍길동 조모 상'과 같이 쓰이는 형식에 맞추어 홍길동 본인이 죽은 경우 '홍길동 본인 상'과 같이 쓰기도 하는 듯합니다."

김진웅 _ 2020. 9. 24.

당신의 문해력은 안녕하십니까?

얼마 전 EBS에서 방영한 <당신의 문해력은>이란 프로그램을 관심 있게 보았다. 이 프로그램은 성인과 청소년의 읽기 능력의 저하를 문제 삼고 있다. 방송 이후 서점에서는 프로그램의 이름을 딴 그림책을 꾸러미로 묶어 판매하기도 했고, 해당 방송 누리집의 게시판에 있는 성인 문해력 시험 글의 조회 수는 57만 개가 넘었다. 최근 문해력 관련 글들이 누리 소통망에서 자주 보이는 걸 보면 이 방송 덕분에 문해력에 대한 관심이 높아진 것 같기도 하다.

문해력은 '문자를 읽고 쓸 수 있는 일 또는 그러한 일을 할 수 있는 능력'을 가리킨다. 최근에는 문해의 대상이 문자뿐만 아니라 그림이나 영상 등으로 확장되었지만, 여전히 문해력은 전통적인 읽기 능력을 기반으로 한다. '사흘'의 '사'를 '4'라고 생각하는 사람이 있었다는 2020년 7월의 사례도 어휘력의 문제이므로 결국 문해력이 문제인 사건이다.

문해력은 배워야 얻을 수 있고, 노력해야 유지할 수 있다. 불행하게도 한번 획득한 문해력이 영원하지는 않다. 『다시, 책으로』(2019)의 저자인 인지 심리학자이자 아동발달학자 매리언 울프는 긴 글을 오랜만에 읽으려고 하니 집중도 이해도 잘 되지 않더라는 고백을 했다. 디지털 환경 속에서 메뚜기처럼 링크를 뛰어넘으며 읽거나 짤막한 글만 읽다가 긴 글을 집중해서 읽으려니 힘들다는 이야기였다. 동의한다. 안 읽다가 읽으려면 힘들다.

코로나19가 시작된 2020년 1학기가 생각난다. 필자가 한 대학에서 진행한, 신입생 대상 교양 과목에 대한 사례임을 먼저 밝힌다. 비대면 강의를 처음 시작한 학기라 공지할 게 많았다. 주로 인터넷 강의실의 게시판을 이용해 공지 사항을 올렸는데, 신기하게도 공지 글의 길이가 길수록 질문이 많았다. 질문의 내용은 주로 공지 속에 있는 내용을 본인이 제대로 이해했는지에 대한 확인이었다. 긴 글을 읽기 싫었을 수도 있고, 내용을 이해하기 어려웠을 수도 있었겠다는 생각을 했다. 그래서 공지를 쓸 때마다 꼭 알아야 할 내용을 요약해 붙여 주었다. 이후부터는 질문이 줄어들었다. 그 학기의 강의 평가에서는 '공지 글이 많고, 글의 길이가 길어 글을 읽기 힘든 경우가 많았는데, 교수님은 요약을 글 앞에 붙여 줘서 좋았다'란 평가를 만났다. 요약만 읽었다는 이야기이다.

필자 주변에서도 '읽기'와 거리를 두는 경우를 종종 본다. 책과 매우 가깝던 필자의 가족도 요즘은 유튜브의 매력에 빠져 있다. 나이가 드니 책 읽기가 싫다고 한다. 친구의 아이는 소설을 책으로 읽기 싫어 유튜브로 해당 소설의 영화를 찾아보았다고 한다. 영상 보기가 글 읽기보다 이해하기 쉽고 재미도 있어서일 것이다.

다시 <당신의 문해력은> 프로그램의 이야기로 돌아가 보자. 방송을 본 아이의 친구 엄마들이 저 문해력 책 꾸러미를 사면 어떨지에 대한 질문을 했다. 그 책들은 아이들의 언어 능력을 키우는 데 필요한 내용들이니 당연히 있으면 좋은 책들이다. 하지만 문제는 문해력이 책 한 꾸러미만으로 키워지는 능력이 아니라는 것이다. 성인 문해력 시험 문제에는 사용 설명서 이해도를 묻는 문제가 있었고 중학생 대상 문제에는 문장 속 단어 뜻을 묻는 문제가 있었다. 전문적인 내용이 아니라 생활에서 접할 수 있는 내용들이다.

문해력은 삶에 필요한 능력이다. 살면서 꾸준히 갈고닦아야 하는 능력이기도 하다. 문해력이 기반이 되면 쓰기나 말하기 같은 표현 능력도 더 잘 키울 수 있다. 그냥 대충 읽는 게 아니라 집중해서 정확하게 이해하려는 읽기가 문해력을 키운다. 당장 눈앞에 보이는 글 한 편, 손에 잡히는 책 한 권이라도 조금씩 집중해 읽어 보면 어떨까. 이런 하루가 쌓이다 보면 문해력 걱정을 할 필요가 없을 것이다.

안미애_2021. 7. 1.

말이 올라야 나라가 오른다

"말이 오르면 나라가 오르고, 말이 내리면 나라도 내린다." 국어학자이자 민족주의자이신 한힌샘 주시경 선생께서 하신 말씀이다. 주시경 선생은 한글학회의 전신인 조선어학회의 기초를 마련하신 분이다.

금년 1월에 조선어학회의 조선어 사전 편찬 사건을 소재로 한 <말모이>라는 영화가 개봉되었다. '말모이'란 사전을 뜻하는 순우리말이다. 영화 <말모이>는 일제시기 조선어 말살을 위해 혈안이었던 일제의 감시를 피해 우리 말글을 '사전'으로 지켜 내려고 했던 선각자들의 눈물겨운 이야기다. 실제로 주시경 선생께서 초석을 다진 조선어학회와 학회 선각자들이 끝내지 못했던 조선어 사전 편찬 이야기를 소재로 만든 영화라 새삼스럽게 한말글의 중요성을 깨닫게 한다.

올해는 기미독립선언 100주년과 한글학회 창립 111돌을 맞이하는 해이다. 원래 한글학회의 전신은 조선어학회였다. 1907년에 주시경 선생께서 하기국어강습소를 열었다가 이듬해 1908년에 봉원사에 모여 학회의 뿌리가 되는 국어연구학회를 만들었다. 그런데 1914년 선생의 급작스런 별세 이후 일제의 극심한 탄압으로 학회 활동은 잠시 중단되었다. 이후 1921년 조선어연구회란 이름으로 학회를 부활하면서, 1929년부터 조선어사전 편찬을 시작하게 되었다. 1931년에 조선어학회로 이름을 바꾸면서 한말글을 지키기 위한 활동과 조선어사전 편찬을 계속 진행하게 된다. 이 단체를 눈엣가시처럼 보아 왔던 일제는 1942년 조선어학회 사건을 일으켜 회원 33인을 검거하고 학회를 해체하기에 이르렀다. 당시 일제가 제시한 죄목은 내란죄였다. 공소장에는 '고유 언어는 민족정신을 양성하는 것이므로 조선어학회 사전 편찬은 조선 민족정신을 유지하는 민족 운동의 한 형태이다'라고 적혀 있었는데, 이는 내선일체와 황민화라는 이름으로 강제적인 동화정책을 펼쳐 온 일제에 항거할 목적으로 벌인 내란죄라는 것이었다.

검거된 이들 중에 16명이 기소되었고, 한뫼 이윤재 선생과 효창 한징 선생은 재판 중에 모진 고문 휴유증으로 옥사했다. 이 외에도 고루 이극로 선생은 6년, 외솔 최현배 선생은 4년, 일석 이희승 선생은 2년 6개월을 언도받았다. 이 중 한뫼 이윤재 선생의 묘소는 몇 년 전까지만 해도 대구 달성군 다사읍 마천산에 있어서 매년 한글날에 대구 한글학회 회원들과 참배하곤 했다. 그러다가 2013년에 9월에 선생의 묘소가 대전 국립현충원으로 이장되었고, 한글 묘비는 2016년에 고향인 김해의 나비공원으로 이전했다. 그리고 조선어학회 간사장이었던 이극로 선생은 영화 <말모이>에서 조선어학회의 대표인 류정환의 실제 모델이다. 이극로 선생은 경남 의령의 가난한 농군의 아들로 태어나 중국과 독일에서 유학한 국어학자이므로 극중 배역의 출신 배경과는 다소 차이가 난다.

누군가는 그토록 말을 지키려 했고, 다른 누군가는 그 말을 빼앗으려고 했는가. 말이란 무엇인가? '언어가 정신을 지배한다'는 말도 있듯이 일상적으로 쓰이는 말이 은연중에 사람의 사고를 지배할 수 있다. 일제가 한말글을 없애려고 한 것도 이런 이유가 아닐까? 최근 일본 정부가 수출심사우대국(화이트리스트)에서 한국을 제외한 것은 또 다른 침략을 위한 공작이라는 생각이 든다. 요즈음과 같은 시대 상황에 한힌샘 주시경 선생의 정신과 조선어학회의 눈물겨운 활동을 돌이켜 보니 가슴이 먹먹해진다.

더불어 국민들의 일본 상품 불매운동에 공감하면서 국어학자로서 우리 말살이 속에 남아 있는 일본말 찌꺼기를 청산해야 하겠다는 의무감을 가지게 되었다. 그래서 2005년에 국립국어연구원에서 발간한 『일본어투 용어 순화 자료집』을 찾아서 1,171개의 순화 대상 용어에 대해 분석해 보았다. 그 결과 많은 순화 권장 용어들이 국민들의 생활어 속에 순화되어 현재 사용되고 있어서 그나마 참 다행한 일이었다. 하지만 아직도 다수의 순화 대상 용어들이 우리 주변에서 버젓이 사용되고 있다는 사실도 알았다. 이참에 일본어 찌꺼기를 말끔히 씻어 내고 겨레의 얼을 품고 있는 한말글을 잘 지켜서 민족의 자존을 높이고 대한민국의 국격을 바로 세웠으면 한다.

김덕호_2019. 9. 12.

저자 약력

남길임

경북대학교 국어국문학과 교수다. 연세대학교를 졸업하고 같은 대학에서 석사와 박사학위를 받았다. 국립국어원 신어 조사 및 사용 주기 조사(2013~2019), 맞춤법 교정 말뭉치 연구 분석(2021, 2022) 사업 등 사전을 비롯한 언어 자료의 구축과 활용 사업에 참여했으며, 언어 수행의 유창성과 경향성을 밝히는 말뭉치언어학에 관심이 있다. 대표 논저로 『한국어 사전 편찬학 개론』, 「이론으로서의 말뭉치언어학에 대한 연구 현황과 쟁점」, 『사전에 없는 진짜 한국어』, 『현대 신어 연구』 등이 있다.

김덕호

경북대학교 국어국문학과에 재직하고 있으며, 한국방언학과 한국어문화학을 연구하고 있다. 특히 방언학 분야에서 지리언어학적인 측면에 입각하여 언어 분포와 변화를 탐구하는 데 관심이 높으며 분석 원리와 방법론을 수립하고자 꾸준히 노력하고 있다. 최근에는 언어와 문화의 관련성을 규명하는 연구를 통해 거시적 언어학으로 연구의 범주를 확장하고자 시도하면서 관련 글을 발표하기도 했다. 주요 저서로는 『경북방언의 지리언어학』(월인, 2001), 『지리언어학의 동향과 활용』(역락, 2009), 『경제언어학—언어, 방언, 경어』(공저, 역락, 2015), 『방언을 지도에 입히다』(공저, 민속원, 2019) 등이 있다.

김진웅

서울에서 태어나 연세대학교 인문대학 국어국문학과에서 학사와 석사 과정을 마친 후에 텍사스 주립대학(Austin)에서 철학박사학위를 받았다. 연세대학교 언어정보연구원 HK연구교수를 거쳐 현재 경북대학교 국어국문학과 교수로 재직하고 있다. 주로 한국어의 의미론과 화용론을 공부하고 있으며, 최근 한국어의 화시나 환유 등 지시와 관련된 주제로 연구를 진행하고 있다. 공저로 『언어 정보와 인문언어학』, 『언어의 현장성과 복합지식』, 『사전에 없는 진짜 한국어1, 2』 등이 있다.

홍미주

경상남도 양산에서 태어나 경북대학교 인문대학 국어국문학과를 졸업하고 같은 대학의 대학원에서 문학박사학위를 받았다. 경북대학교 국어국문학과의 BK21 사업단 연구교수를 지낸 바 있으며, 현재 경북대학교 교양교육센터 강의초빙교수로 재직하고 있다. 주로 사회 속의 한국어에 대해 공부하고 있으며, 최근 메신저 대화의 언어적 특징을 살피는 연구를 진행하고 있다. 공저로 『한국어는 나의 힘』, 『한국어로 보는 한국문화』 등이 있다.

안미애

대구에서 태어나 경북대학교 인문대학 국어국문학과를 졸업하고 같은 대학의 대학원에서 문학박사학위를 받았다. 동국대학교 WISE캠퍼스 파라미타칼리지 조교수와 부교수를 거쳐 현재 경북대학교 국어국문학과 부교수로 재직하고 있다. 주로 한국어의 말소리와 말소리의 역사적 발달 과정에 관심을 가지고 공부하고 있다. 공저로 『한국어음운론』, 『통통 글쓰기1, 2』 등이 있다.

김수정

영남대학교 문과대학 국어국문학과를 졸업하고 같은 대학의 대학원에서 문학박사학위를 받았다. 영남대학교 다문화교육연구원 연구원, 경북대학교 국어국문학과 4단계 BK21 교육연구단 계약교수를 지낸 바 있으며, 현재 경일대학교 교양학부 조교수로 재직하고 있다. 주로 국어 통사론에 대하여 공부하고 있으며, 작문 교육 및 연구에도 관심을 두고 관련 논의를 진행하고 있다.

안주현

경북대학교 국어국문학과 BK 교육연구단에서 박사후 연수연구원으로 근무하고 있으며, 국어 음운사와 사회언어학을 연구하고 있다. 특히 한글 문헌 자료를 이용해 역사자료 말뭉치를 구축하고 이를 음운론적, 사회언어학적으로 해석하는 연구에 관심이 높으며, 역사자료 말뭉치 구축 방법과 분석 방법론을 정립하고자 꾸준히 노력하고 있다. 저·역서로는 『주찬방 주해』(공저), 『한국어로 보는 한국 문화』(공저) 등이 있다.

이수진

대구광역시에서 태어나 경북대학교 인문대학 국어국문학과를 졸업하고 같은 대학의 대학원에서 문학석사학위를 받았다. 현재 경북대학교 국제교류처 강사로 재직하고 있다. 주로 한국어 형태론과 사전에 대하여 공부하고 있으며, 최근 신어에 관심을 두고 꾸준히 연구하며 글을 쓰고 있다. 저서로는 『신어』, 『신어 2020 : 코로나 팬데믹 시대의 새로운 언어』, 『현대 신어 연구』 등이 있다.